MIS ENCUENTROS CON JESÚS

Diario místico de una mujer contemporánea

MIS ENCUENTROS CON JESÚS

Diario místico de una mujer contemporánea

Nicole Gausseron

grijalbo

MIS ENCUENTROS CON JESÚS
Diario místico de una mujer contemporánea

Título original en inglés: *The Little Notebook.*
The Journal of a Contemporary
Woman's Encounters with Jesus

Traducción: Irving Roffe,
de la edición de
HarperCollins Publishers,
Nueva York, 1995

ISBN 970-05-0640-1

IMPRESO EN MÉXICO

Índice

Prefacio

Por lo general, mi reacción es muy negativa ante libros que pretenden ser un registro de los diálogos del autor con Dios, la Virgen Santa u otros seres celestiales. Pero algo había en este libro que me pareció fascinante, cuando apenas había leído unas cuantas páginas. No se trata del piadoso empalago tan común en otros libros de este tipo. La personalidad de Nicole era demasiado mundana, y en apariencia demasiado irrespetuosa, para ser un invento. Seguramente no fue escrito para impresionar a nadie.

Al continuar con la lectura, comencé a recordar mi infancia. Durante un periodo de quizá cinco años, de los once a los dieciséis, experimenté una intimidad con Dios similar a la que Nicole describe con tanta intensidad. Sabía que Dios estaba cerca de mí. Sabía que Él me guiaba, y lo íntimo de esta experiencia imprimió en mi mente, de modo indeleble, la realidad de Dios. Luego, al llegar a los dieciséis años, esto llegó a un final abrupto, para nunca más volver. Sé que es una fase en la profundización de nuestra relación con Dios, pero esa pérdida es algo que siento en forma vívida desde entonces. Puedo coincidir con los sentimientos de Nicole cuando ella siente que Jesús la "dejaba". Su diario se hace cada vez más verosímil.

Al seguir leyendo el recuento de Nicole, lo que era más impresionante fue que Jesús no resolvió sus problemas, sino que con suavidad la condujo a pensar en direcciones distintas hasta que aprendió en forma gradual a ver las cosas de modo diferente, o a ver un problema o situación desde otra perspectiva, lo que entonces la ayudó a hallar el sentido a algo que antes era apabullante. Otra reveladora característica de las conversaciones es la forma en que Jesús dialogaba con ella, sin juzgarla. Cuando ella sentía dudas respecto a algo que hacía o respecto a ella misma, Jesús tan sólo sugería otras opciones. La delicadeza de este modo de tratar con ella me pareció tan propio de Dios, Quien no tiene necesidad de entrometerse en nuestras vidas, o de presionarnos de modo impulsivo a realizar Sus mandatos o a pegarnos cuando cometemos un error. ¡Cuán inseguro sería ese Dios! De este modo, tantas cosas parecen verdaderas y presentan toda una nueva faceta de Dios.

Las notas escritas en *Mis encuentros con Jesús. Diario místico de una mujer contemporánea* fueron redactadas de modo tan informal que es obvio que Nicole no pretendía hacer una declaración de algo o demostrar una idea, sino tan sólo narrar una serie de experiencias reales. Lo que se revela de modo muy gráfico, al analizar los diálogos a profundidad, es que Jesús le reafirmó, de forma sutil y gradual, que la senda por la que inició su camino, aunque nueva para ella y perturbadora para su seguridad en sí misma, era la senda que Él deseaba que ella siguiera y que no debía temer. Él también le armó, de forma suave e imperceptible, piezas dispersas de su vida y relaciones, de forma tal que resultaron ser piezas de un mosaico que al ser vistas de modo individual tienen poco significado, pero que en conjunto muestran un magnífico patrón, del mismo modo en que Dios trabaja con tal ternura en la vida de todos nosotros. En ciertos momentos, se tiene la intensa sensación de que todos los atormentados, afligidos y adictos con los que Nicole trabajó desempeñan un papel importante en el plan general de Dios para Su familia humana. Nadie es insignificante o superfluo. Todos, sin importar cuán despreciables los consideremos, o cuán inútiles parezcan ante corazones sin fe, juegan un papel necesario en la urdimbre de la obra maestra de Dios.

Lo que considero tan importante de este libro es su revelación de un Dios tan distinto del Dios que tantos otros conciben, no un Dios para el que todo es blanco y negro y ordenado con rigidez, sino un Dios que demuestra un exquisito respeto para Sus hijos, y muestra este respeto en la forma en que acepta el uso que ellos dan a la libertad que Él les dio, aun cuando las decisiones que toman no son la forma en que Él haría las cosas, y la forma maravillosamente sensible en que sugiere otro curso de acción que podría ser mejor o más efectivo para nosotros. Dios aparece como un maestro de opciones al ajustarse a las decisiones que tomamos, de forma que, en última instancia, funcionan para nuestro bien. Pero Dios puede ser paciente y tolerante. Nicole podría añadir que Dios siempre aparece en el momento oportuno, y actúa si se lo pedimos.

En el mundo de hoy suceden tantas cosas extraordinarias, y la presencia de Dios se manifiesta de modos tan gráficos, que es imposible no sentir que Dios simpatiza con nuestras dificultades para descubrirlo en la confusa vorágine de nuestra compleja cultura, tan alejada de la experiencia original de la Resurrección, y se pliega para ayudarnos a ver la realidad de Su existencia y Su amor en la oscuridad de nuestros atribulados tiempos.

Espero que este libro encuentre a todos los lectores que se merece, porque sus mensajes son mucho más profundos que meras palabras impresas en sus páginas. Aunque este libro está escrito de modo tan simple y espontáneo, conmoverá las vidas de sus lectores de un modo que muy pocos libros pueden hacerlo. Espero que algún día pueda encontrarme en persona con Nicole. Jesús eligió expresar mediante su hermosa alma, de un modo intenso, Su amor y ternura para los afligidos y atormentados, quienes, en su soledad, deambulan por las calles de nuestra muy compleja civilización, indeseados y despreciados. ¿Cuáles son los mensajes que Dios trata de trasmitirnos mediante este perturbador fenómeno? No por accidente están estas personas entre nosotros. Son mensajes ambulantes, enviados directamente por Dios. Tengo la inquietante sensación de que Dios quiere poner a prueba nuestros valores. Nos es difícil ver valores en los improductivos e indeseables. Algún día nos sorprenderemos de ver a vagabundos y rechazados en lugares privilegiados del Cielo, en tanto que nosotros, desde lugares menos agraciados los veremos con admiración y honra. Los valores de Dios están tan por encima de nosotros como las estrellas están sobre la Tierra. Quizá algún día lo entenderemos.

JOSEPH F. GIRZONE

Introducción de los traductores al inglés

En los verdes campos de la región de Beauce, la rica región agrícola de Francia, al suroeste de París, la famosa silueta de la Catedral de Nuestra Señora de Chartres ha sido vista por los peregrinos desde hace ochocientos años. Es muy factible que se identifique a Chartres con la Catedral. Sin embargo, para quienes viven ahí, la ciudad es no sólo la sede de una gran estructura medieval, sino también un activo centro regional con problemas económicos y sociales típicamente modernos, y entre ellos las necesidades de los indigentes.

La preocupación por los indigentes, en particular los vagabundos que de algún modo sobreviven al margen de la sociedad, hizo que una mujer de Chartres ayudara a establecer y convertirse en la primera directora de un albergue para estos indigentes en 1981. Se le conoció como "Compagnons du Partage", una frase que se traduce de forma no muy satisfactoria como "Compañeros de lo que se comparte". Ella comenzó casi de la nada, ayudada por Bernard Dandrel, quien después fundó el primer Banco de Alimentos de Europa, y el primer año fue precario en particular.

El nombre de esta mujer es Nicole. Proviene de una familia distinguida y tiene buena formación académica. De hecho, tiene un título en literatura inglesa y dio clases durante un tiempo antes de casarse con Philippe Gausseron. Ambos combinaron inteligencia y estilo de un modo que puede pensarse como característicamente francés: sobrio, responsable, serio, pero también sensible a la amistad cálida y la alegría de vivir.

Cuando Nicole inició el albergue para indigentes tenía casi cuarenta años, y Philippe y ella tenían ya tres hijos (Laurette, Benoît y Thierry) cuyas edades oscilaban entre los siete y los once años. Hacía poco, ella había tenido la experiencia carismática del bautismo del Espíritu Santo y llegó a conocer a los indigentes mediante servicio voluntario con Secours Catholique, una organización nacional de caridad de la Iglesia Católica de Francia, de la que Philippe fue presidente local durante diez años.

Ella descubrió que algunos de los pobres no sólo necesitaban comer sino también un lugar para vivir y trabajar, por lo menos parte del tiempo. Decidió darles un lugar así. El alcalde de Chartres puso a su disposición, sin cobrar renta, unas barracas abandonadas en las afueras de la ciudad. Las amistades y los simpatizantes contribuyeron con muebles usados. El día en que se inauguró, comenzaron a vivir en el lugar tres hombres; al segundo día otros siete. Los Compagnons du Partage se iniciaron de modo frágil y dependiendo sólo de la constante atención de Nicole para seguir con el proyecto.

La historia de los Compagnons du Partage es más complicada que eso, desde luego, pero sólo es parte de este libro de modo incidental, que se inicia unos cuatro años después de haberse fundado los Compagnons y transpone la experiencia de Nicole a un nivel universal y atemporal. Luchando para cuidar de sus dos comunidades, como ella los llama (su familia y quienes llegaron a vivir a los Compagnons) y siempre con recursos inadecuados, ella estuvo a punto de abandonar sus esfuerzos luego de nueve meses de lucha, cuando llegó Pierre Maghin a vivir con los Compagnons. Pierre era un sacerdote de la arquidiócesis de París, quien, con la bendición de su obispo, se convirtió en un sacerdote trabajador a fines de la década de 1960. Bernard Dandrel lo conoció en una carismática reunión de plegarias en Chartres y se acercó a él con la propuesta de que se convirtiera en el director de la Comunidad. El día en que ofició el Sacramento en una capilla improvisada, Nicole supo que los Compagnons du Partage continuarían. Fue para ella el inicio de una nueva relación con Jesús. En la celebración de la Eucaristía en su modesto santuario, Jesús reveló su presencia como persona viva con sentimientos propios, un amigo que compartió las preocupaciones y felicidades de Nicole; el Señor le habló a ella y a otros a través de ella acerca de su indispensable parte en su reino.

Este libro es un registro de este encuentro, escrito día a día en su *"pequeño cuaderno"*. En 1992, Nicole permitió que fuera impreso en forma privada en Francia y lo vendió a beneficio de los Compagnons du Partage. En la versión de los Estados Unidos, el formato de diario se conservó intacto pero se dividió en capítulos. Hasta donde fue posible, se preservó en la traducción el estilo informal, a veces críptico, a veces inconsistente, de las anotaciones del diario.

Quizá sean de alguna ayuda unas palabras acerca de cómo leer este libro. Primero, está casi libre del tono reverente al que estamos acostumbrados en las obras piadosas. El estilo es mucho más similar a los recuentos de los evangelios del oficio de Jesús: episódico, terso y objetivo. La continuidad resulta del desarrollo de temas centrales, más que de una narrativa sostenida. Este método es por incrementos. Está construido de algo de gran sustancia y consistencia, pero el lector sólo puede saberlo (al igual que Nicole lo supo) al iniciarse con impresiones tenues y fragmentadas.

Una palabra clave es *impresiones*. Nicole no es una visionaria. En una de sus primeras notas en su diario, observa que el Señor está "sentado junto a nosotros", pero que "no es una sombra o aparición, sino que es una presencia". A menudo da a esta presencia una forma visual y un lugar, pero nunca una descripción detallada. El Señor está junto al altar, sentado en el piso, vestido con un manto blanco, acompañado por mucha gente que contribuyó a la experiencia de la vida de Nicole: no se especifica nada más para describirlo. Incluso la aguda impresión real de estar presente en la Última Cena se expresa sin ningún intento de describir la escena. Más aún, conforme avanza el diario, las impresiones visuales de Jesús se hacen cada vez más escasas hasta que al final desaparecen. En el clímax temático del libro, la voz de Dios en el desierto de Argelia se presenta sin ningún detalle sensorial.

Los lectores podrán sentir curiosidad por saber si la presencia y la voz del Señor son de algún modo evidentes a quienes rodean a Nicole, conforme tuvieron lugar sus conversaciones con Él. La respuesta es que no fue así, que su experiencia fue interior, como puede notarse en varios pasajes en el diario. Interrogada por su hijo Benoît, ella admite que no oye la voz del Señor exactamente como oye la conversación ordinaria, pero que la voz es de todos modos distinta. En varias ocasiones repite a otros que están presentes lo que el Señor acaba de decirles a través de ella. Al comentar acerca de la más sorprendente de sus impresiones, ella dice: "En mi interior, en realidad estoy bailando con él".

Si su experiencia fue interior, ¿esto fue revelado de algún modo por el aspecto de Nicole? Al parecer no. Ella anotó un solo comentario que describe su aspecto personal. Una tarde, al subir al camión para volver a Chartres desde una granja, su chofer observa que tiene una mirada distante. El Señor acababa de hablarle acerca de utilizar una de las habitaciones de la granja como capilla, y ella concuerda con su chofer en que en efecto, ella está como en otra parte. Hasta aquí llega su descripción de cómo es percibida por otros, y es muy ordinario. De hecho, todo el tono de su libro argumenta contra la sensacionalización de su experiencia al vestirla con fenómenos místicos.

El diario no ofrece visiones o revelaciones especiales. Al contrario, Nicole recibe una firme negativa cada vez que ella empuja demasiado a la omnisciencia divina. "¿Hay un infierno?", pregunta, y Jesús replica: "¿Por qué estás tan preocupada por los asuntos de mi Padre?" Cuando ella quiere saber qué es lo que será de algunos hombres desafortunados, Jesús le dice: "No trates de saberlo todo". Esta continua negativa a darle información íntima del reino espiritual, a pedir revelaciones privilegiadas o discernimientos privados, es a nuestro parecer uno de los más fuertes argumentos de la autenticidad del diario. Las palabras de Jesús que Nicole nos narra no nos dicen más de lo que nos podrían decir los Evangelios.

El valor de este libro radica en que es un recordatorio consciente de lo mucho que los Evangelios nos dicen acerca de Jesús y acerca de nosotros mismos en relación con él. No hay nada imaginario o remoto acerca del Jesús que habla a Nicole, le sonríe, se divierte por sus recuerdos de un estribillo de una vieja canción de amor, muestra sólo un dejo de fatiga al reafirmarle su amor por enésima ocasión y, una vez, para asombro de Nicole, admite algo de celos.

Si el riesgo para los creyentes es relegar a Jesús a la gloria resplandeciente como el Kyrios, el glorificado Señor que está alejado de la vida cotidiana y por consiguiente es irrelevante, el Jesús que habla en estas páginas insiste en evitar ese riesgo, siendo uno de nosotros en el aquí y en el ahora.

La sólida realidad es que él vive ahora y busca una relación personal con quienes creemos en él. Esta aseveración se repite, enfatizada: "No soy una idea abstracta o un sistema, sino una persona viviente". "[Si tú] me archivas en un cajón... Yo saldré del cajón." "Nosotros somos dos." Él y Nicole tocan un dueto, cada uno necesitando del otro para hacer que la partitura sobreviva. Su relación se hace tan íntima que ella respira con su aliento, a lo que Nicole, con estilo típicamente francés, responde: "*¡Oh, la la!* Me pregunto si el Señor no está yendo demasiado lejos". La culminación de esta imagen es la invitación de Jesús extendida a ella, durante un día en particular intenso y agotador, a bailar con él. Al principio ella se siente incrédula y luego escandalizada. Él insiste, y al final ella dice: "Dejé que él me llevara, y me siento feliz, profundamente feliz".

San Agustín no pudo haberlo dicho de modo más adecuado: el goce de la unidad en el amor divino. Pero Nicole es espontánea y no pedante de modo refrescante. Incluso su descripción de la participación de los creyentes en la vida de la Trinidad, al final del capítulo 8, surge en el lenguaje más simple, aunque es exacto desde el punto de vista teológico. De hecho, una gran parte del libro es la historia de Nicole en sí, o más bien el mundo de sus dos comunidades. Ella misma señala lo ordinario de su vida. Mientras que quienes la conocen piensen que ella no es más que ordinaria en su preocupación moral y su compromiso social, el asunto se capta bien. Ella no encaja en estereotipos de lo que es santo. Lejos de aislarse del mundo, ella lleva a sus hijos a las fiestas, hace compras de navidad con una canción en su corazón (!), va de vacaciones de Argelia a Finlandia, y le gusta pasar un día en París con una amistad. Al principio ella teme que estos placeres sean incompatibles con un compromiso total con Jesús, pero él le asegura: "Yo soy quien te da [estos momentos] para que tú los goces".

De hecho, él le da a Nicole toda la vida y él la ama tal y como es ella. Pero ¿acaso ella también comparte la experiencia de la cruz? Sin duda, tanto en su trabajo con los Compagnons como en su compasión por los amigos y extraños que sufren enfermedades, desastres o la muerte. Su repetida expresión de preocupación por otros ocasiona lo que es quizá el tema más sorprendente del libro, uno que puede perturbar a los lectores acostumbrados a la piedad fácil acerca de servir a Dios en cada uno de nosotros. Jesús enseña a Nicole que ella debe responder primero en forma directa a su amor, atenderlo, y reconocer su prioridad. Ella está libre, como todos los demás, de responderle o no. Él no la ata; no se ata a quienes se ama y, además, él y su Padre "no tienen necesidad de títeres". Pero si ella responde a su amor, no debe olvidarlo en su preocupación con los demás. Al final, ella no puede hacer más por los demás de lo que él no hace a través de ella, y ella también está en otros, incluso los borrachos que no tienen religión y que se van de los Compagnons du Partage al parecer no mucho mejor de como llegaron. Su responsabilidad y lo que ella puede hacer por los demás es limitado; su relación con Jesús es ilimitada.

Ésta es una lección que Nicole aprende sólo poco a poco, pero la aprende bien. Una y otra vez ella protesta que *debe* hacer algo, y luego se queja de que a pesar de los grandes esfuerzos de sus colegas y ella, los resultados son frustrantes, y de hecho casi insignificantes. La respuesta de Jesús es siempre la misma: ¿quién eres tú para juzgar lo que es frustrante y lo que no lo es? No pienses que puedes cambiar a todos estos hombres. El papel que tú debes actuar es el de amarlos. Yo haré lo que tú no puedes hacer. No temas.

La última advertencia es quizá la palabra más constante que Jesús dice a Nicole. Una y otra vez le dice: no temas. No te preocupes. No te aflijas. Por último, al final de su diario, Nicole por fin puede decir: "Me parece que todo lo que debo hacer es dejar que fluya la corriente de este pequeño diario. Es natural, y de cierto modo tan fácil y simple... Las dificultades del momento no desaparecen, pero dentro de mí hay un centro de paz. Es nuevo y es poderoso".

Nicole sigue dirigiendo los Compagnons du Partage y haciendo amistades con los indigentes y hombres afligidos que vienen a vivir y trabajar juntos a las afueras de Chartres. Ellos, a su vez, siguen revelándole a ella no sólo un Jesús que comparte los sufrimientos de este mundo, sino un Jesús que la ama a ella y a todos los demás con un amor que es incondicional e infinito. En uno de los pasajes más vívidos de su diario, Nicole describe la llegada de Lulu y Chevalier a los Compagnons, dos de los personajes más conocidos y coloridos de las calles de Chartres. Lulu resiste los intentos de Nicole de darle un baño, pero al final se rinde ante la suave persuasión de su acompañante Chevalier. Mientras él acaricia a Lulu y le dice lo mucho que la ama, Nicole recibe lo que describe como un trozo de la eternidad: la total certidumbre de que Jesús nos ama sin condiciones, a pesar de nuestra depravación y pecados.

Una de las características más importantes de este notable diario es su aseveración implícita de que un conocimiento profundamente personal y a través de experiencias de Dios va de la mano con un servicio profundamente personal y por medio de experiencias a los pobres. Esta aseveración es, desde luego, el núcleo del Nuevo Testamento: "¿Cómo el amor del Señor surge en cualquiera que tiene todos los bienes del mundo y ve a un hermano o hermana en necesidad y sin embargo le niega su ayuda?" (1 Juan 3:17). Sin embargo, es frecuente encontrar a cristianos (tanto hoy como en el pasado) que se dividen entre ellos en bandos opuestos: aquellos quienes afirman ser los verdaderos discípulos de Jesús porque se dedican a la vida "espiritual", y quienes afirman ser sus verdaderos seguidores porque trabajan por la "justicia social". La experiencia de Nicole de una relación personal intensa con Jesús se basa en su contacto directo y tierno con personas que huelen mal, que mienten, que estafan y roban (incluso a Nicole misma) y que por ello parecen ser más auténticas.

A algunos lectores familiarizados con el movimiento carismático puede parecerles sorprendente que el espíritu santo no tenga una presencia mayor en estas páginas. Sin embargo, como lo escribe el padre Marie Leblanc, O.S.B., en la introducción a la versión original en francés: "Aun cuando el Espíritu Santo no se menciona con frecuencia con su nombre, ese Espíritu está presente de modo sutil en el amor de Jesús que la conduce hasta el Padre, que es precisamente el patrón de salvación que se nos explica en el Evangelio".

Por último, algo debe decirse acerca del tono "católico" característico de este diario. Muchos, quizá la mayoría, de los diálogos de Nicole con Jesús ocurren durante la misa, por lo general en la capilla de los Compagnons donde Pierre celebra diario, y en otras ocasiones en su Iglesia Parroquial de Saint Aignan, el monasterio benedictino de Saint- Benoît- sur- Loire, la capilla de las hermanas del Bon Secours, o en otras partes. Cuando Pierre se va, Nicole pasa con frecuencia media hora de plegarias ante los santos sacramentos, la hostia consagrada que, según la creencia católica, continúa la presencia real de Jesucristo.

La creencia en la presencia real de Jesús en el sacramento de la Eucaristía y el acto de permanecer ante él en una actitud de adoración da a Nicole una forma de enfocar su atención y plegarias. Pero cabe también hacer notar que la práctica de Nicole de mirar a la hostia consagrada es algo más que un método o técnica para entrar en un estilo más contemplativo de plegaria. Lo que ofrece es una forma de prolongar el acto de alabanza y gracias que es central al rito eucarístico y a la vida cristiana. Con frecuencia, ella se queja de que es difícil alabar en medio de tanto sufrimiento. Con paciencia y con amor, Jesús le muestra que la alabanza y la acción de gracias no deben estar situados en sentimientos de bienestar, o en comprender por qué las cosas son como son, sino en mantener una relación de corazón a corazón con él a pesar y en medio de los sufrimientos.

El sentido de Nicole de la presencia inmediata de Jesús durante la celebración eucarística está enraizada y cobra su forma por las escrituras. Desde las reformas litúrgicas del Segundo Concilio Vaticano (1962-1965), la primera parte de la misa, la "Liturgia de la Palabra", da requisitos para una lectura semicontinua de los libros de la Biblia. En numerosas ocasiones, el diálogo entre Nicole y Jesús está directamente relacionado con los pasajes de las escrituras que son leídos y meditados en la celebración de la Eucaristía. Como podría suponerse al leer su diario, el estilo de la celebración de la Eucaristía en la capilla de los Compagnons es muy distinta de la "tan tradicional" liturgia dominical en su iglesia parroquial. En los Compagnons el ritmo es más sereno, y hay muchas oportunidades para plegarias personales y espontáneas. Las palabras de Nicole a Jesús son a veces dichas en voz alta durante estas pausas para plegaria personal, y en ocasiones Jesús le pide trasmitir sus palabras a la pequeña congregación que se ha reunido para los rezos. En esta traducción, donde las declaraciones de Jesús son dirigidas a otros a través de Nicole, la palabra "tú" ha sido calificada de diversos modos para que el significado sea claro.

De algo puede servir hacer notar que los hombres que buscan albergue en los Compagnons du Partage son bienvenidos a nombre de Jesús, pero no son obligados a participar en ninguna actividad religiosa. Las únicas condiciones para vivir en la Comunidad son no usar drogas o alcohol y que estén dispuestos a contribuir en los trabajos de la Comunidad durante su estancia, que para la mayoría es un periodo de unos tres meses. El trabajo consiste en recoger y reparar artículos usados y venderlos en una tienda de segunda mano.

La Ermita a la que con frecuencia se refiere Nicole es una granja a unos ocho kilómetros de Chartres adquirida en 1985 para dar viviendas más adecuadas a los Compagnons. El centro administrativo y lugar de trabajo en las afueras de la ciudad es designado como Comunidad, y la palabra "Compañero" se escribe con mayúsculas cuando se refiere a un residente de los Compagnons du Partage. Los nombres de personas distintas a la familia de Nicole, Pierre Maghin, Bernard Dandrel y otros amigos cercanos fueron alterados para conservar su anonimato.

A nuestro parecer, éste es un libro notable, que con modestia hace una aseveración extraordinaria: que el Jesús de la fe ha dado sus enseñanzas acerca de sí mismo a una mujer de Chartres en nuestra propia época. Descubrimos que este "pequeño diario" de Nicole Gausseron revela su profundidad sólo tras una lectura repetida. Necesita ser leído en orden para obtener un sentido del movimiento del viaje que Jesús pide a sus seguidores que inicien, pero también es un libro que recompensa al lector que lo lee al azar. En casi toda página hay una palabra o declaración que permite entender más clara y concretamente que una relación personal y profunda con Jesús (y a través de Jesús con Dios) es el corazón y alma de la vida cristiana y que contribuye a la "urdimbre del reino", como lo expresa el pequeño diario, cuando se expresa un amor preferencial por los pobres.

William Skudlarek, O.S.B.
Hilary Thimmesh, O.S.B.
Abadía de San Juan
Collegeville, Minnesota, Estados Unidos

1

Tú me perteneces

22 de marzo, 1985

La región de Beauce no es plana en realidad. Eso es lo que pienso cuando estoy en camino para ver a mi amiga Cécile, que acaba de perder a su marido, de cincuenta y cuatro años, por cáncer pulmonar. Apenas anoche pasamos los tres juntos hora y media en el hospital.

Cécile me pidió que rezara por él. Las únicas palabras que salieron de mis labios fueron "María... María... Jesús... Jesús..." y luego conseguí pasar por el Padre Nuestro y el Ave María. En silencio supliqué: "Señor, llévatelo pronto. Ven por él. Está listo. Llévatelo". En mi angustia le supliqué: "¡Apúrate, Señor! ¿Qué estás esperando?"

Sí, ¡me atreví a decirle qué estaba esperando! Ahora, en el coche, manejando para volver a ver a Cécile, me atreví a hablarle:

–Señor, ¿qué es lo que le diré? ¿Cómo puedo consolarla?

–No busques palabras, Nicole. No prepares nada.

–Señor, es difícil para ella. Es terrible.

–Sí, lo sé, Nicole, lo sé.

Sigo en el camino. Llega el silencio. El paisaje de la nieve en los campos es hermoso y tranquilizador. Comienzo a llorar.

–Nicole, ¿por qué me culpas a mí? Me estás pidiendo que te rinda cuentas. Nicole, Nicole...

–Señor, es difícil entenderte. No sé hacia dónde voy.

Sollozo. Las lágrimas me fluyen en abundancia. Como sólo estamos nosotros dos, no me importa. No me avergüenza llorar. También ésta es mi forma de hablar con él.

–*Nicole, mira el camino a lo lejos.*

–Lo estoy viendo, Señor.

–*¿Puedes distinguirlo?*

–No.

–*¿Y ahora?*

–Sí, Señor, ahora puedo verlo.

(¡No acabo de decir que la región de Beauce no es plana en realidad!)

–*Nicole, un momento antes no lo veías y sin embargo ahí estaba. No te preocupes por tu camino.*

–Pero, Señor, siento miedo cuando no sé a dónde voy. Me gusta ver el camino adelante de mí. Necesito verlo.

–*Nicole, ¿acaso alguna vez te abandoné? Menciona una sola vez. Dame un ejemplo.*

–No tengo ningún ejemplo para ti. Estoy pensando, pero no hay ninguno.

–*¿Y entonces?*

Ahí es donde nos interrumpimos. Ya no lloré más. Sentí su pena, y no la mía.

Cuando vi a mi amiga y a sus cinco hijos, no me tomé la molestia de tratar de decirle algo. Conversamos y preparamos las intenciones para la misa. Durante el almuerzo nos escuchamos una a la otra. Fue simple, cálido, conmovedor. Ahí estabas tú, Señor.

De vez en cuando se apodera de mí una sensación de vértigo. Pronto serán cuatro años desde que estoy involucrada con una comunidad de veinte hombres. Ahí es donde pongo todas mis energías. Física, moral y psicológicamente, los Compañeros son mi segunda familia. Si se quiere ayudar a los que son pobres de verdad, es necesario ir más allá de las palabras y los sentimientos piadosos. No puede haber límites para tu amor. Necesitas permitir que el escuchar, la paciencia y la sensibilidad se apoderen de tu vida. Es un camino sin final. Pasas por él con lo que tienes a la mano, con la forma en que las cosas se ven ahora, y con eso tu propio corazón te lo dice. Es por completo absorbente y desgastante en lo emocional aun si no estoy ahí veinticuatro horas al día.

Sí, la sensación de vértigo viene a mí con tanta frecuencia. Una vocecita dice: "¿Para qué todo esto? ¿Por qué pasar por tantos problemas por un puñado de hombres?" O, de nuevo: "Diez años de estudios para ser maestra. Tú eras una buena maestra. ¿Por qué dedicas tanto a unos cuantos buenos para nada?"

Esta vocecilla llena de razones y sentido común me confunde. Y el otro día, camino a la Comunidad, llegó la respuesta, llana y simple. Era la imagen de una prenda de vestir gastada, sin hilos, que se deshacía en las costuras. Esta prenda es el Compañero que llega y toca a nuestra puerta. El Señor necesita que cosamos su ropa con lo que tenemos a mano, no para hacer una nueva. Somos responsables tan sólo de coser y de las costuras que tratamos de hacer. Si de todas formas la prenda se rompe, no es la culpa personal de los Compañeros o mía.

27 de marzo

Con frecuencia, durante la Eucaristía, en especial después de la Consagración, tengo un sentido casi físico de la presencia de Cristo. De pie o sentado, con las manos casi siempre extendidas, me invade con su presencia. Me siento abrumada por una sensación de ternura y simplicidad.

En esos momentos me siento tan protegida que se apodera de mí una extraña insensibilidad. Pierdo todo sentido de espacio y de tiempo. Quienes están junto a mí están muy lejanos y sin embargo están muy cerca. La experiencia es inconmensurable y sin embargo es muy simple. Lloro lágrimas de alegría al hablar con él.

—Señor, estoy un poco asustada. ¿Es que me estoy volviendo loca? ¿Por qué me estás dando todo esto? Si eres tú, me estás consintiendo demasiado.

—Te elegí a ti porque te amo.

—¿Por qué yo, Señor? Mírame. Yo no soy digna de ti. Sabes muy bien que yo no te pongo en primer lugar todo el tiempo.

—Porque te necesito, Nicole, tal y como eres tú.

El tono de su respuesta parece traicionar un cierto cansancio, como si repitiera las mismas palabras por enésima vez. Para él, parece tan obvio y simple. En ese instante descubro, o más bien vuelvo a darme cuenta, que soy una "pecadora", pero no en un sentido negativo. Más bien, es una falta de algo, una falta de dar o de recibir. Experimentar la ternura de Jesús te sumerge... Quieres devolverlo, responder agradecida por este regalo, y entonces notas lo pobre que eres.

Marzo (la capilla de los Compañeros)

Ahora, en varias ocasiones, el Señor ha estado sentado junto a mí. Estuvo ahí después de la Consagración. No es una sombra o una aparición, sino una presencia. Una vez, en la capilla de las monjas Carmelitas aquí, en Chartres, varias veces en las capillas de los Compañeros: está ahí sentado, silencioso.

–¿Por qué estás sentado aquí, Señor? Estás en silencio. No dices nada.

–Estoy aquí.

–Debes tener algo que decirnos, que decirme a mí. Es un poco desconcertante tenerte tan cerca. Me haces sentirme cómoda; siento una cierta serenidad al saber que estás aquí, pero no comprendo lo que estás tratando de decirme.

No hay respuesta. Hay un silencio lleno con su presencia. Pierre reza en varios idiomas. La respuesta salta a mis labios.

–Nútranse con mi Eucaristía.

–En otras palabras, Señor, ¿simplemente quieres que me aproveche de ti?

–Sí.

–Pero eso es muy simple, Señor; es casi fácil.

–Sí, lo es.

Su presencia me llena. Una vez más pierdo todo sentido de espacio y tiempo. A mi alrededor es como si todo se estirara y se alejara. Al mismo tiempo, estoy sentada con firmeza en mi silla desvencijada y en otra parte... soy una con él. No es nada sensacional. Me siento perfectamente serena.

–Señor, no dices mucho; no eres un gran conversador.

–No, no lo soy.

–Perdóname por ser tan insistente, Señor, pero me gustaría tener bien claro esto.

De nuevo el silencio. Tengo la impresión de atosigarlo, y su silencio me intriga. Por mi parte, trato de vaciarme, y de ser nueva por completo para comprender mejor lo que su presencia nos está diciendo. En forma gradual, el significado se aclara.

–Señor, tú eres lo que para nosotros es inaccesible, tonto, imposible. ¿Se trata de eso?

–Sí.

–Todo se une en ti, Señor. Es inútil buscar en otra parte. ¿Es eso, Señor?

–Sí.

13 de abril

Tengo la impresión de que debemos despojarnos de nuestras actitudes acostumbradas, para ser nuevos por completo.

19 de abril

El Señor está una vez más sentado junto a mí. Una presencia silenciosa y reconfortante.

–Señor, tú nos sumerges en tu amor. Es demasiado, casi demasiado hermoso.

–Es gratis, Nicole... Es fácil. Ya te he dicho eso antes. Debes ser como una brizna de paja; déjala ir.

–¿Por qué, Señor? ¿Quieres reafirmarme frente a las ordalías que vendrán? ¿Quieres ayudarme anticipándote al tiempo?

–No, es gratis.

–Como si desearas reafirmarme acerca de lo que vendrá.

–Yo tomo la delantera.

22 de abril (la Ermita, nuestro futuro hogar)

Es una vieja porqueriza. Los Compañeros acaban de limpiarla. Es simple, vacía, pero aún un poco sombría. Estábamos pensando en convertirla en capilla.

Hoy le pregunto:

–Señor, ¿quieres que esto sea una capilla?

–Sí.

–Está vacía.

–Es como yo, Nicole.

–Entonces así lo haremos, Señor.

Fui allá abrumada por los eventos del día, pero de pronto me siento restaurada. Al entrar al camión que nos lleva de regreso a Chartres, uno de los Compañeros me dice:

–Hay algo cómico en tu aspecto. Pareces estar en otra parte.

–Sí, Jean-Yves, en realidad es como si estuviera en otra parte.

Después de la Eucaristía de esta noche, la ternura de Dios me abarca. Me gustaría acostarme sobre la alfombra, por lo relajada que me siento. Mi cuerpo está casi dormido, pero no así mi alma.

Le pregunto:

–Señor, ya viste cómo fue este día. La gente con la que tuvimos que tratar. Es muy pesado.

–Sí.

–Seguirte es más bien pesado. Cobras un precio muy alto. Continuamente tenemos que escuchar, ser pacientes, insistirle a uno, consolar a otro...

–No, Nicole, no soy caro. Estoy siempre aquí. Ven. Ven y visítame. Tómame. Puedes hacer eso cada vez que quieras.

–Está bien, comprendo, pero eso no me calma mucho.

–No te estoy ofreciendo una autopista. Ésta es otra clase de camino. A veces es de subida, a veces es de bajada, a veces da vueltas...

Y luego, en el silencio, como si le avergonzara un poco hacerme la misma pregunta por enésima vez, me pregunta una vez más con la modestia de quienes en verdad aman:

–¿Quieres seguirme?

23 de abril (después de la Consagración, en la capilla de los Compañeros)

El Señor viene hacia nosotros. Carga un fardo en los brazos. ¿Es quizá una criatura?

–¿Qué estás cargando, Señor?

–A ti y a los Compañeros.

–¿Por qué estás haciendo eso?

–Para ayudarte cuando las cosas son demasiado difíciles.

–¿Haces esto con mucha frecuencia?

–Cada vez que tú lo necesitas. Cuando el camino es más fácil, cuando tienes menos problemas, te permito caminar.

25 de abril

Camino hacia la Comunidad por esta calle sombría y sin color. Para mí, la larga fila de casas grises, y ese interminable edificio militar con sus ventanas vacías, no parecen tener alma.

Mi corazón se hunde al pasar por un bar de mala fama por enésima vez.

Hombre o mujer, joven o viejo, es una multitud extraña cuyo camino cruzo.

–Señor, mira a tu humanidad. Es muy triste.

Silencio.

–¿No tienes ganas de hablar, Señor?

–No pasé toda mi vida hablando, ya lo sabes.

–Es verdad, Señor. ¿Tienes algo que decirme?

–Sí. Sé.

–...

–Vive. Sé. Sé tú misma. Extrae vida de mí. Déjame hablar y vivir en ti.

Y por la noche, en la capilla:

–Señor, estás muy callado.

–Sí.

–¿Por qué?

–Ya te hablé con mucha frecuencia.

—¿Y qué?

—Medita acerca de lo que te dije. Internalízalo.

26 de abril (en la capilla)

-Dame todo este lugar.

—Señor, pensé que eso es lo que estábamos haciendo. ¿No te sientes cómodo?

—Necesito una habitación entre ustedes.

—¿Sientes que está todo muy atiborrado?

—Mi espíritu va a todas partes, como lo desea, donde lo desea. Déjalo ser libre. Dale mucho espacio.

30 de abril (en la capilla)

Esta noche, una imagen de un profundo torrente de agua, violento, con escombros. Una enorme roca negra sobresale de la orilla. Las ramas y tallos golpean contra la roca, se alojan en sus grietas, luego vuelven a ser arrastrados por la corriente.

Mayo (en el pueblo)

Paso junto a una casa para hombres liberados de prisión. Todo está limpio, los céspedes están podados, los prados florecen, los cuartos son cómodos. Y sin embargo sé que a los hombres este lugar les parece deprimente. Prefieren la comunidad, aun cuando nuestras barracas son en verdad feas, nuestro patio está lleno de papeles, y todo es tan gris y sombrío.

—Señor, ¿ves a estas pobres personas en su prisión de lujo?

—Sí.

—Necesitan algo más que habitaciones cómodas y paseos hermosos. Lo que les falta es amor.

—Sí, lo sé.

—Señor, ¿qué se debe hacer?

—Reza. Pídeme.

Mayo (en la capilla)

Después de la Eucaristía:

–Señor, ayer me pediste que te pidiera. Te pido que se haga tu voluntad, pero envía cosechadores para los pobres, Señor. Mira cómo te suplican.

–Y yo te pregunto, Nicole: ¿crees que puedo hacer eso?

–Sí... Sí... Puedes.

–Entonces, si realmente lo crees, lo haré. Necesito la fe de todos ustedes. Necesito que ustedes lo quieran con todo su ser, que en verdad crean que puedo hacerlo.

–Sí, Señor, creemos que puedes.

–¿Aceptas que no sabes dónde estás, que estás confundida por mis caminos, por mi forma de hacer las cosas?

–Sí, Señor.

Mi "sí" es un poco tímido.

6 de mayo (la Comunidad, el comedor de los Compañeros)

–Hoy es mi cumpleaños, Señor. No parece que todos lo recuerden.

Silencio.

–Yo esperaba una fiesta. Tú sabes lo importante que es para mí. Pero a ellos ni siquiera les ha pasado eso por la cabeza. Podrías pensar que no soy una de ellos.

–No, tú me perteneces.

7 de mayo (la capilla)

–Señor, es difícil ser como una criatura ante ti.

–Ellos no sólo desfiguraron mi rostro y mi cuerpo. También distorsionaron mis palabras.

–¿Qué es lo que quieres decir, Señor?

–Ser como una criatura es dejarme vivir en ti. Permitirme habitar en ti, actuar en ti. Es suficiente decirme que sí, y yo vendré y viviré en ti.

8 de mayo (la capilla)

–Señor, dime por qué muchas personas pasan junto a ti sin reconocerte aunque te estén mirando directamente.

–Están buscando lo equivocado.

–¿Lo equivocado?

–Quieren una respuesta, una fórmula. Pero yo no tengo otra cosa que ofrecer que a mí mismo, y eso significa una forma de vivir.

–¿Cómo es esta forma de vivir?

–Vivir conmigo, día tras día, hora tras hora.

9 de mayo (la capilla)

–Es difícil rezar para ti. Cuando vengo ante ti, me siento dispersa.

–Yo soy quien une las cosas, quien las centra.

–Me siento vacía, que no estoy a la altura.

–Te amo en tu totalidad, como eres en este momento. Mi amor te acepta como tú eres. Mi amor es simple.

10 de mayo (la capilla)

El Evangelio de San Juan: "Los llamo mis amigos".

–Señor, tú cambias nuestra posición, de sirvientes a amigos. ¿Esto significa que podemos pedirte todo lo que queramos?

–No.

–Mira el mundo. Ve que mal están las cosas.

–Es que no sabes cómo mirar.

12 de mayo (una misa de bodas, Versalles)

Texto de San Pablo, 1 Corintios 13:7: "El amor soporta todo..."

–Señor, este "todo" me molesta. Estoy segura de que puedes ver que las personas no hacen lo que les dice San Pablo. Incluso dos personas que se aman una a la otra.

–Es que no lo has entendido.

–Entonces, explícamelo.

–Conmigo, tú puedes llegar al "todo". Es verdad, en muchas formas no se logra, pero yo doy lo que falta. Yo compenso tus deficiencias. Vengo a salvarte si me lo pides.

14 de mayo (la capilla)

–Señor, eres un pobre rey torturado cuando estás en la cruz.

–¿Por qué "pobre"?

–?!!

–Mi cuerpo, mi sangre, ésos son los símbolos de mi realeza. Nadie puede despojarme de eso. Lo he dado gratis.

16 de mayo (la capilla)

–No te abrumes con cargas inútiles.

–¿Cuáles cargas, Señor?

–La vida, el destino de otros, el ayer, el mañana.

–¿Entonces qué debo hacer?

–Vive este momento. Te lo estoy dando. Es mi regalo. No te preocupes por lo que pueda ocurrir en el futuro.

17 de mayo (la capilla)

–A ustedes los considero mis amigos. Están unidos a mí con una cuerda, un delgado hilo, casi invisible.

–¿Por qué no una cuerda, Señor?

–Porque entonces pondrían atención a la cuerda y no a mí. Además, no se ata a quienes se ama.

18 de mayo (misa, Noirmoutier, en la costa atlántica)

"Pide y recibirás para que tu felicidad sea completa" (Evangelio de San Juan). Éste no es un lugar al que esté acostumbrada, esta remota capilla con su comunidad de hermanas con hábitos grises y rojos. Siento una punzada de dolor en mi corazón al iniciarse la misa, porque temo que el Señor no me hable.

Entra y queda de pie al fondo de la iglesia.

—Señor, gracias por venir, por estar aquí para nosotras y con nosotras.

Silencio.

—Señor, ¿no vas a entrar y sentarte junto al altar, Señor? ¿Por qué te quedas parado al fondo de esta pequeña capilla?

—Mira, lo esencial está frente a ti, mi cuerpo y mi sangre. Así es como debería ser. Nadie puede distorsionar nada.

Y luego, pocos momentos después:

—No temas. Nunca te abandonaré.

—Necesito sentirte.

—Pide. Pide ya no temer más.

19 de mayo (Noirmoutier)

Estas pequeñas hermanas grises y rojas son todas sonrisas cuando nos dan la bienvenida. Desde el principio de la misa se establece una comunión entre nosotros. El Señor toma asiento junto al altar. Está vestido de blanco y sonríe con felicidad.

—Señor, ¿hoy estás tomando tu lugar adelante?

—Sí.

—Pero ¿por qué es así?

No hay respuesta. Me doy cuenta de que de todas formas está ahí: sentado, quieto, en paz. No lo entiendo sino hasta después de leer a San Juan, en el capítulo 17.

—¿Ésta es tu forma de mostrarnos a tu Padre, de enviarnos a él?

—Sí.

—Señor, aquí estoy otra vez llorando. ¿Sabes por qué?

—Sí.

—Me hablas en la misma forma en que tú y el Padre se hablan entre sí. Estoy abrumada.

—Sí.

—Usas el mismo idioma. Es poderoso aun cuando no tiene palabras.

Ya no le pido nada más. Trato de rezar tanto como puedo. En el momento de la Consagración, Señor, te paraste y fuiste uno con Pierre, quien estaba celebrando. Ustedes eran dos y uno al mismo tiempo.

—Hágase tu voluntad, Señor. Cuando lo quieras, como lo quieras.

2

Mi omnipotencia necesita tu debilidad

20 de mayo, 1985 (los Compañeros)

Una mañana difícil después de estar varios días lejos. Tengo que poner en orden la casa, lavar, limpiar, responder al teléfono. Son las dos de la tarde. *¡Uf!* En el silencio de la casa vacía puedo volver a pensar un poco. *¡Zut!* ¡El timbre! Puesto que no puedo descansar y ya pasó la hora de mi siesta, hablo con el Señor.

–Señor, las alabanzas, y alabarte, son difíciles.

–*Sí, lo sé.*

–Hay rostros trágicos, situaciones locas, Señor. Ese muchacho de dieciocho años que acaba de suicidarse. No se puede alabarte o agradecerte por eso. No sería más que un ritual vacío.

–*Para nada, Nicole. Como ves, yo vi a mis torturadores desde la cruz. Créeme, sé lo que los demás experimentan en momentos como éste.*

–Señor, entonces no alababas a Dios, ¿o sí?

–*Sí, lo hacía.*

–Pero es difícil de creer. Estabas tan lleno de angustia. De eso estoy segura.

–*Sí. Pero como ves, Nicole, hablé con mi Padre. ¿Lo entiendes? Hablé. Incluso en ese momento, nada se rompió entre él y yo. También eso es la alabanza. De modo que los torturadores están ahí, ¿entiendes?, pero no son los únicos que estaban ahí.*

–¿Quieres que actuemos como tú?

–Sí. Hablen conmigo. Hablen conmigo.

–Tú me ayudas a comprender, o más bien iluminas algunas de mis preguntas, y es como una revelación. Y ahora lloro, Señor. Cuando estoy contigo, lloro con frecuencia, pero de forma extraña.

–No importa. No importa.

21 de mayo (en el pueblo)

En el camión que nos lleva a la Ermita, tengo un poco de tiempo para pensar.

–Señor, hoy no nos vimos.

–No.

–¿Pronto?

–Sí. No hagas todo al mismo tiempo.

Esa noche, como Pierre se ha ido, tres de nosotros compartimos una improvisada ceremonia de comunión.

–Señor, estás aquí.

–Sí. Aprovechen mi presencia.

–¿Por qué quieres vivir en mí? ¿Por qué me visitas? Es seguro que eres la vida en toda su medida, pero ¿por qué yo? ¿Qué es lo que te gusta de mí?

–Tu espíritu vibrante.

–Eso no es mucho. Me parece que hay mejores regalos para darte.

–Yo no sé nada de regalos perfectos. No me interesan. Lo que quiero es vivir en ti, con tu espíritu vibrante.

–Quieres que nos amemos el uno al otro y que otros vean lo que hacemos. ¿Es eso, Señor?

–Sí. ¿Qué otra cosa querrías hacer?

22 de mayo (en casa)

Estoy en la cocina preparando el desayuno. Son las ocho de la mañana. Hay noticias en el radio de un asalto a mano armada. Los asaltantes fueron capturados. Pienso en uno de nuestros compañeros que está fugitivo.

–¿Qué será de ellos, Señor?

–¿Por qué lo quieres saber?

–¿Acaso no es obvio? Me preocupo por ellos, o por lo menos por él.

–¿Quieres ser mi igual?

–¡¡¡No!!!

–Entonces, no trates de saberlo todo. Para que nos amemos el uno al otro, no necesito que sepan, o siquiera que traten de saber.

–?!?!

–Porque por el momento me dejaste entrar en tu vida para actuar junto contigo.

–En pocas palabras, para usarme. ¡Dilo!

–No, en realidad no. No. Para estar contigo y en ti. Te atraigo a mí mientras que tú atraes a otro. ¿Entiendes?

–¿Es como si fuera un contagio?

–Sí.

23 de mayo (en casa)

Me despierto por la mañana y pienso en el día que me espera. Muchas decisiones que tomar sin Pierre.

–Señor, hágase tu voluntad. Tú me ayudarás, pero no sé cómo.

–Nicole, te das cuenta de que me revelo ante ti más y más. No voy a hacer tu trabajo por ti, sino contigo. Dejaré que toques tu parte de nuestro dueto.

–Eso no será fácil. Está el Compañero que debo llevar a la policía en Versalles. ¿Quién sabe lo que pasará ahí? Y luego está Lucien, que ayer estaba borracho en mi puerta.

–Estás donde debes estar. Te las arreglarás. Toca tu parte y haz lo que debas hacer.

–¿Y dónde estarás tú?

–Seré la luz que te ilumina desde tu interior. También déjame tocar con libertad mi parte. Sabes que a veces en un dueto uno toca más fuerte que el otro, pero son siempre dos. Tú me acompañas, yo te acompaño a ti.

24 de mayo

Por la mañana, en camino a la comandancia de policía en Versalles.

–Señor, ¿estás aquí?

–Sí.

–Parece como si me estuvieras dejando manejar esto sola.

–Sí.

–Me siento como si fuera un jefe, y uno muy duro, pero así es como deben hacerse las cosas.

–Anda, hazlo.

–¿Qué es lo que estamos haciendo los dos?

–Despejando el camino.

Por la noche, Eucaristía con Pierre. El Señor se sienta frente a nosotros y, al parecer, feliz de vernos.

–¡Uff, Señor! Qué bueno es estar aquí y descansar un rato.

Parece feliz de estar con nosotros.

Tengo la hostia en mi mano: ligera, vulnerable. ¡Oh, cuán vulnerable!

–Tú estás en este trozo de hostia: ligero, frágil. Todo esto es muy loco.

–Nota cuán ligero soy en tu mano, Nicole. No peso nada.

–¿Por qué eres tan ligero, Señor?

–Para que puedas cargarme mejor, llevarme contigo, tenerme en un pequeño rincón de tu corazón. Soy portátil; no ocupo espacio. Ustedes, mi gente, pueden ser pesados.

–¿Pesados, Señor?

–Cargar su peso, su pesadez humana; así es como quiero que sean ustedes.

25 de mayo (Pentecostés)

Misa en nuestra iglesia parroquial de Saint Aignan con Philippe y Benoît. Al ir en camino hacia allá, le pregunto:

–¿Vas a estar ahí?

Yo siempre soy un poco aprensiva. ¿Qué pasaría si no viniera?

Después de la Consagración:

–¿Quieres que te sirva como defensor, como protector, Nicole?

–Sí.

–Necesito un sí incondicional. Te protegeré en toda circunstancia, pero a mi modo.

–Si, Señor. Gracias.

–No te preocupes. Te dejaré libre por completo, Nicole.

–¿Y si te fallo, y si a veces no logro creer, Señor?

–Ah, esperaré, Nicole. Te esperaré.

–Entonces ambos somos libres, Señor. De hecho, somos socios.

–Sí.

La palabra *amante* es un término trillado y cargado de sentidos, pero él es "mi amante". Él sabe que detesto depender de alguien, que alguien se me imponga, y él me da el lugar para ser libre. Tengo la impresión de que mi alma (o mi ser) es libre de moverse como le plazca y que voy con libertad hacia él.

28 de mayo (en el pueblo, en casa)

Tres días libres: las fiestas de Pentecostés, con la casa llena. El jardín está lleno de sol y también de silencio. Los niños llegarán en cualquier momento.

–¿Estás aquí, Señor?

–Sí.

–Me parece que han pasado varios días desde que estuvimos juntos. Me siento un poco torpe en tu presencia.

–Nicole, quiero preguntarte algo: ¿te gustaría darme un regalo?

–Sí.

–Tómate un tiempo para mí, sólo para mí. De vez en cuando te tomas un tiempo para llamar a alguien, para oír la voz de un amigo. Llámame de vez en cuando.

–¿Quieres que poco a poco tengamos más intimidad el uno con el otro?

–Sí.

Abrí mi Biblia y mis ojos cayeron en el mismo principio de la Carta a los Efesios.

–Señor, me diste el Espíritu para heredarlo. Estas palabras parecen estar escritas para mí. De algún modo me siento predestinada.

Él sonríe y sigue en silencio.

–Voy a probar un bocado de tu Palabra cada día.

Él sigue sonriendo en silencio.

29 de mayo (en casa)

Justo antes de la cena fui al otro lado del jardín para pasar unos minutos con él. Mientras hacía la ensalada, me vino varias veces a la mente la imagen de un carrete de lana.

–¿Esto viene de ti, Señor? ¿Hay algo que quieres explicarme?

Silencio.

–Prometí pasar un tiempo contigo, por lo que seguiré leyendo.

Efesios 1:15-23.

–¿El carrete de lana es en realidad tú, Señor?

–Sí.

–¿Tú estás en un extremo y yo en el otro?

–Sí. ¿Dónde quieres que esté, si no atado a ti, a todos ustedes? Yo soy el que desenreda las cosas, el que jala los hilos con suavidad, el que evita que todo se enrede.

30 de mayo (la abadía benedictina de Saint-Benoît-sur-Loire)

Efesios 2:3.

Es un hermoso día para estar en el camino.

–Hoy disfruto de la vida, Señor. Me siento en armonía conmigo misma y con el mundo. Hoy no quiero separarme de ti.

Me vienen a la mente las imágenes de un tejido, y luego de un tapiz.

–Muchas veces nos separamos de ti, Señor. Los puntos se zafan y se destejen hasta el inicio del tejido. ¿Qué haces entonces?

–Trato de tomar con firmeza mi parte del tejido, pero también con suavidad para que no se deshaga.

–Pero, Señor, tú eres todopoderoso. ¿Por qué no hacer que alguien más se ocupe del tejido donde los puntos se cayeron? Haz que otro se ocupe de eso.

–No entiendes nada de este asunto. Espero, soy paciente, me encargo de mi tejido con suavidad. Mi omnipotencia necesita de ti, necesita tu debilidad. Yo no puedo tejer ni anudar nada por mí mismo.

En la basílica en Saint-Benoît, el Señor se sienta junto al altar, con las manos abiertas, rodeado de quince sacerdotes que celebran.

Junio (en camino a la Comunidad, en el pueblo)

–No siempre soy razonable contigo, Señor.

–No me gusta lo que es razonable. Me gustan las cosas que no *son razonables.*

–¿Qué quieres decir?

No hay respuesta. Creo haber oído: *"Después"*.

Unos cuantos minutos después estoy dentro de nuestra tienda de segunda mano. Uno de los Compañeros, Alain, está borracho, agazapado y con lágrimas en los ojos. Se arrastra hacia mí: "Nicole, tengo que hablar contigo". Solloza, llora, ríe, tiembla. Hay muchas personas a nuestro alrededor. De un modo u otro nos las ingeniamos para ir a la oficina. Alain está en un estado desastroso. Solloza y cierra los puños, me cuenta de su esposa, me ofrece unas flores que carga consigo. Me siento más y más inquieta y preocupada por él. ¡Alain es todo un caso! Sus gritos sacuden el silencio.

–Alain, ¿quieres rezar conmigo?

–Sí, quiero. Acabo de ir a la capilla por primera vez.

–Escucha, Alain. Yo rezaré contigo.

–¡No! –me grita–. ¡Yo empezaré, no tú! ¡Señor, estoy avergonzado de mí! ¡Tú eres mi único amigo! Perdóname. ¡Estoy avergonzado de mí! ¡Ayúdame, Señor!

Concluimos diciendo un Ave María y un Padre Nuestro juntos. Alain llora e inclina la cabeza bajo el peso de su vergüenza. Pongo mi mano en su nuca, que está tan baja, y digo esta plegaria silenciosa:

–Señor, mira a esta criatura. Es tuya. Yo te la doy. Tú puedes ayudarlo si quieres.

Hablando humanamente, no hubo nada que pudiera hacer. Alain regresó a sus convulsiones y se fue.

Al volver al camino de donde acababa de venir, el Señor me dijo:

–Acabas de hacer algo que no es razonable: has puesto tu fe en mí. Sí, Nicole, yo también estoy con Alain y dentro de él.

2 de junio (en el pueblo)

Pierre volvió. La Comunidad está casi llena, excepto para quienes prefieren su libertad, es decir, la libertad de emborracharse, de ahogar sus penas, de olvidar. Paulo se fue; Alain aún no ha vuelto. Me duele un diente y siento zozobra. La fatiga de un fin de semana convertida en pesos insoportables sobre mis hombros, y también en mi corazón.

La imagen de una corriente (o más bien un mar de sangre que nos inunda) se eleva con suavidad. No pido nada. Después de la consagración, conversamos.

–Señor, este baño de sangre ¿es el que nos lava?

–Sí.

–¿Sabes?, cuando termino de bañarme me siento física y psicológicamente relajada. ¿Es lo mismo?

–No, es diferente. Te lavo de todo aquello que no es esencial. Mi sangre lava todo aquello de lo que no necesitas preocuparte.

–¿Quieres decir Alain, Paulo, todo el sufrimiento humano?

–Sí. Te doy alivio de tus cargas. Hago que tu labor sea más simple.

–Gracias.

De regreso, me siento aligerada.

3 de junio (la capilla de los Compañeros)

Vamos a toda velocidad, impulsados por mil cosas distintas que deben hacerse.

El clima es caluroso y con tormenta, pero es bueno estar con el Señor. Justo antes de la Consagración, el Señor entra. Está ante nosotros, vestido de blanco. La blancura es radiante.

–Señor, hoy estás de pie. Estás radiante. Vestido con tu manto blanco, nos dominas. ¿Por qué estás así hoy?

–Para que sientan mi presencia. Justo ahora estaba en tu mano y también a tu lado.

–¿No tienes algo que decirme?

–Cuando estaba con mis amigos, estaba sentado con ellos justo de este modo, y no dije nada.

4 de junio (la capilla)

Hoy está aquí, pero hay muchas personas, una escolta, alrededor de él.

–No estás solo, Señor.

–No.

Espero. Después de la Comunión, el diálogo es más íntimo.

–¿Quiénes son estas personas?

–Aquellos que te ayudaron y te apoyaron. Aquellos que te condujeron a mí. ¿Crees que están conmigo?

–S... s... sí. Señor, ¿por qué nos lo dices esta noche?

–Para hacerte crecer, para que te des cuenta de que estás siendo ayudada y apoyada.

Fue como si el Señor tratara de decirnos que Él y sus amigos eran el mundo de los vivos.

5 de junio (la capilla)

Esta noche, el Señor no está de pie ni sentado. Estamos unidos. Es bueno descansar con él.

–¿Dónde estás, Señor?

–En ti, en Pierre. Dentro de ustedes me siento en casa.

Espero. En el momento en que Pierre eleva la hostia, la imagen del rostro del Cristo del manto sagrado aparece en la hostia.

–Señor, ¿es verdad lo que estoy viendo? Me siento muy calmada, pero apenas puedo creer lo que veo, y tampoco me atrevo a decirlo.

–Atrévete.

Se lo digo a los demás.

–¿Por qué me estás dando todo esto, Señor?

–Para liberarlos de preocupaciones y para que sólo se preocupen por mí.

6 de junio (la capilla)

El Señor viene a sentarse entre Pierre y yo.

–¿No vas a decir nada, Señor?

Después:

–¿No tienes nada que decirnos?

–Me gusta estar contigo.

7 de junio (la capilla)

Vienes a sentarte frente a nosotros tres. Tú sonreías. Te pregunté:

—¿Por qué sonríes, Señor?

—Me siento feliz con ustedes.

—Pero... ¿por qué la sonrisa?

—Una sonrisa es mejor que muchas palabras. Sonrían, todos ustedes.

9 de junio (el Carmel)

—Ayer no viniste, Señor. Estás aquí hoy. ¿Dónde estás?

Siento que está a mi derecha, en el gran crucifijo que domina la capilla.

—¿Qué estás haciendo aquí? ¿Qué estás tratando de decirnos?

—Mis brazos están extendidos para abrazarlos a todos ustedes y mi corazón, abierto y sangrante, va hacia cada uno de ustedes.

—Gracias. Gracias. Te he encontrado de nuevo.

Después de la Carta a los Hebreos 9:15, me siento un poco alterada.

—Aquellos que son llamados pueden recibir la herencia eterna prometida.

—Me siento llamada, Señor. Me parece que ya recibí mi parte de eternidad. ¿Qué quieres que haga con este regalo?

—Nada. No hagas nada. Déjame vivir en ti.

10 de junio (en el pueblo)

Esta mañana, caminando hacia el dentista, hablé con él, quizá para sacar de mi mente los problemas.

—¿Quieres un espacio para vivir en nosotros, vivir en mí?

—Sí.

Siento en todo mi ser que su voluntad consiste por completo en esto. Por la noche, en la misa, siento su presencia. Entra en mí de modo tan completo que lo siento como un peso en la nuca. Me siento fatigada, pero es una fatiga bendita. Parezco estar casi en un estado de levedad, pero al mismo tiempo me siento totalmente alerta a lo que sucede a mi alrededor a pesar de mi insensibilidad.

Tengo la impresión de que el Señor nos dice:

–Háganse un espacio vacío en ustedes mismos, para que yo pueda entrar. Para que ustedes puedan adorarme.

Soy una niña mimada.

Espero al momento después de la Consagración (un momento bendito para mí) para preguntarle:

–¿Por qué estás de pie y vestido de blanco, Señor?

–Mi capa los protege. Ya los he puesto a todos ustedes en ella. Ustedes están protegidos. Ustedes ya son míos.

Le pregunto, en forma estúpida:

–¿Qué es lo que debo hacer, Señor?

–Nada, Nicole. Déjenme cuidar de ustedes, abarcarlos a todos ustedes.

12 de junio (París)

Una salida. Es tan hermoso caminar sin tener que preocuparse todo el tiempo. Almuerzo con Chantal en un *bistro.* Las mesas están muy juntas y, por momentos, cruzo miradas con los demás comensales.

–Disfruto la vida, Señor. Pero aun así, temo que si me acerco, te rezo, te llevarás las cosas que me dan alegría y placer, como esta reunión con mis amistades...

–No, estás equivocada. Yo prolongo estos momentos humanos. Yo estoy en ellos porque yo soy el que te los da para que los disfrutes.

–Entonces, en verdad tú eres la plenitud de la vida.

–Sí. Ya lo sabes.

13 de junio (la capilla)

Antes de la Consagración.

–¿Dónde estás? No te veo.

Silencio.

–No estás de pie ni estás sentado junto a nosotros.

–No. Estoy donde ustedes me necesitan.

–¿Dónde?

–Descansando en sus heridas. Déjame estar ahí. No te muevas. Déjame estar ahí, en silencio.

Es como si él quisiera que no le hiciéramos ninguna pregunta. Como si, sin perturbarse, pudiera descansar en nuestras heridas y curarlas.

14 de junio (la capilla)

Hoy hay tensión en el aire. La siento en mí misma y también en la Comunidad.

El Señor viene a sentarse a nuestros pies.

–Tú, que eres tan grandioso, ¿por qué estás a nuestros pies?

–Para estar al nivel de sus corazones con mis manos abiertas. Para estar a su alcance. Déjenme entrar. No hagas nada. Es tan simple. Estoy aquí.

15 de junio (la capilla)

Hoy estuvimos tres en la misa. Durante el día, ya habíamos hablado entre nosotros.

–Hay algunos puntos difíciles en el camino. No les pongas atención.

–Eso no es fácil, Señor.

–No hay nada de qué preocuparse.

Y esta noche el Señor nos vuelve a envolver en su manto.

–¿Y este manto?

–Para protegerlos a todos ustedes. Esta noche todos están heridos y sangrantes. Necesitan mi ternura. Dejen que mi presencia entre en ustedes. Pruébenla ahora, en este mismo momento.

–¿Por qué me estás mostrando esto?

–Para que ustedes se permitan ser inundados por mi amor.

–Señor, mi Señor.

Sólo estoy parloteando, pero tengo la impresión de derretirme ante él.

–Ya sé por qué nos dices esto en esta noche. En el fondo, lo que quería era que vinieras y nos calmaras y consolaras, y curaras toda la angustia que sentía en los otros, en mis hermanos. Pero nos dices que estamos equivocados, que primero debemos aceptarte, dejarte entrar en nuestros corazones y no preocuparnos de hacer nada por nuestra cuenta. Y luego tú vienes y actúas en nosotros.

–*Mis caminos no son sus caminos.*

15-16 de junio (en el pueblo)

Un fin de semana inquieto y tormentoso en casa. Mi pequeña familia vive sus minidramas y me parece que te he tratado mal, Señor. En medio de estas pequeñas peleas familiares que me agotan, parece que te dejé de lado y, sin embargo... estás aquí, de eso estoy segura.

Esta mañana en la tan tradicional misa dominical en Saint Aignan, tú estabas frente a nosotros, volviendo a representar las mismas señales de la comida con tus discípulos. Una vez más me volviste a hablar. Tu palabra me reconforta. Puesto que nunca he escrito nada de inmediato, no recuerdo con exactitud lo que dijiste. Como no quiero malinterpretar ni a ti ni a mí, hoy no escribí nada a nombre tuyo.

17 de junio (la capilla)

Somos cuatro a la mesa. El Señor está ahí. Siento su presencia.

–¿Dónde estás?

–*Arrodillado, a los pies de cada uno de ustedes.*

–¿Qué es lo que nos quieres decir?

–*Quiero que me mires. Yo los estoy viendo a ustedes.*

–¿Por qué nos estás viendo?

–*Para que ustedes me vean a mí. Para que podamos vernos entre nosotros.*

Un poco después, luego de que Pierre ha hablado:

–*Ver mi espalda no es la forma de seguirme. Síganme mirándome al rostro y a los ojos.*

Es como si él quisiera insistir en que sentimos su presencia y decirnos que está vivo, que el amor resplandece en sus ojos, que quiere vivir compartiendo mutuamente con nosotros.

Junio (en casa)

Me llamaron por teléfono para decirme que Marc, uno de los Compañeros para el que pudimos encontrar un trabajo, se ahorcó. Volvió a la bebida. ¡Qué golpe! Me siento físicamente enferma del corazón, y mientras me lavo el pelo, sollozo.

–Nunca lograremos salvarlos, Señor.

–*Mírame.*

–...

–*Mírame. ¿Qué ves en mis ojos?*

–Ternura, como si me dijeras: "Lo sé".

–*Sí, Nicole, lo sé. Pero es a ti a quien quiero.*

–!!...

–*No mires a Marc. Mírame.*

–Suena como si quisieras distraerme, Señor.

Todo lo que acabo de escribir parece demente, y sin embargo es verdad. Poco después, por la tarde, camino a la Comunidad y pienso en lo rica que soy en las cosas básicas de la vida: luz del sol, buena salud, un punto de vista optimista. Me siento bien de estar viva en este momento.

–¿Qué es la pobreza, Señor? Soy tan rica, y sin embargo en este momento creo que te amo.

–*Ser pobre, Nicole, es ser rico en mí. Tú y yo entre los ricos, tú y yo entre los pobres, tú y yo a todos los lugares a los que vas, en todas partes.*

Esta tarde, en la Eucaristía, estamos dos personas y el Señor. Siento una armonía y una sensación intensa especial de comunión esta tarde.

El Señor me dice:

–*Estoy en ustedes. Vivo en ustedes.*

Y luego la incansable pregunta:

–¿Qué se supone que debo hacer, qué se supone que debemos hacer todos nosotros contigo en nosotros?

–*Déjenme hablar en ustedes.*

Y luego, después de que Pierre habla:

–*Les mostraré la fuerza, la violencia de mi amor.*

3

El amor libera a los demás

19 de junio 1985 (en casa)

Entre que barro y lavo los platos, antes del examen de francés de Thierry, y después de servir el almuerzo dos veces este mediodía:

–Sabes, Nicole, soy un poco como Philippe.

–!!... ¿Como Philippe?

–Sí. Él respeta tu libertad. Te permite ir a los demás.

–Y tú, ¿eres como él?

–Sí.

–¿De eso se trata tu libertad?

–Sí.

–Señor, eres absolutamente asombroso. Tú no dijiste que mi marido era como tú. Tú dijiste que tú eras como él. Eso me parece absolutamente asombroso.

21 de junio (en el pueblo)

Estoy en camino a casa de algunos amigos. Es bueno sentirse viva y en movimiento. Dejando tras de mí las afueras del pueblo, emerjo al campo abierto. Las hileras de trigo verde me llenan de alegría. Las calles que dejé tras de mí son tan feas. A un lado del camino hay capullos mezclados con lo que yo creo que es trigo. Tengo la clase de corazón que siempre se derrite al ver estas pequeñas flores.

–Mira esos capullos, Nicole.

—Son tan hermosos, Señor. De un rojo tan intenso y sin embargo tan frágiles.

—Las flores son yo, ya lo sabes.

—!... ¿y el resto? ¿Todo lo verde?

—La raza humana.

—¿Qué estás tratando de decirme?

—Yo soy como esos capullos. Todos me ven. Creo que también me aman. Pero es tan fácil arrancarme y sacarme del campo.

—¿Quieres que te permita quedarte en los campos?

22 de junio (en camino a la Comunidad)

En el camino paso junto a unas hermosas flores. De pronto tengo que agacharme para sortear una rama.

—Ésa es una señal de mi reino.

—¿Qué quieres decir?

—Por un momento estás admirando a las flores y al siguiente momento te agachas para sortear una rama. Haz esto también por mi reino. Sé ágil y dócil. Mira con admiración, pero también inclínate.

Después, tras la Comunión, me lo explica.

—Como María, sé flexible y suave cuando hables conmigo acerca de mí.

23 de junio (en el campo)

Paso el día con algunos amigos. Sus hijos son adolescentes que viven en "concubinato". ¡Qué palabra tan fea! Almorzamos juntos. La comida es disfrutable, pero siento un dolor en el corazón. Los padres parecen felices, pero esta situación parece preocuparles. Ella tiene diecisiete años, él apenas diecinueve, y ya comparten la misma cama.

—Señor, siento un dolor en el corazón.

Para bien o para mal, Philippe y yo, titubeantes, tratamos de decir: "Es un poco prematuro, no se apuren demasiado". Lo hacemos del modo más prudente y suave que podemos. Un paseo nos lleva hasta un monasterio cercano. La capilla de los dominicos es hermosa y austera. Una gran figura de Cristo en la cruz nos da la bienvenida y nos cubre desde lo alto.

—Señor, siento preocupación en el corazón.

–Sí, lo sé.

–¿Dónde estás?

–En la cruz, Nicole. Aún no termino de cargar la cruz. Sé que es por ellos por lo que estoy aquí. Aún no he terminado.

–Señor, dime: ¿Qué debería hacer?

–Nada. Muéstrame a los demás. Habla acerca de mí. Mantén tu mirada en mí. Haz lo que acabas de hacer con ellos, y conmigo...

24 de junio (la capilla)

La Eucaristía. Estamos dos personas con el Señor. Siempre siento un poco de temor de que no vuelva a hablarme.

–¿Vendrás?

–...

–¿Dónde estás?

–Donde estaba ayer. En la cruz.

–Eso debe ser difícil.

–Sí, terriblemente difícil, pero me mantengo ahí.

–¿Cómo te mantienes ahí? Parece que te inclinas hacia adelante más de lo que puede ser con los clavos.

Su respuesta viene en el momento de la Consagración.

–Me sostengo gracias a ti y para ti.

–Estoy inundada de lágrimas interiores, pero también de unas cuantas que son reales.

–Señor, tú volteas las cosas. Tú nos necesitas, nuestra adoración, aquí, en este momento. Tú necesidad es precisa y urgente.

25 de junio (la capilla)

El Señor está envuelto en los brazos de su madre.

–¿Qué es lo que quieres decirnos?

–Cuando María me cargó en sus brazos y cuando me dio a otras mujeres, cuando ella dejó que otras me sostuvieran, fue cuidadosa con las personas a las que ella me dio. Ella no fue descuidada. No me puso en los brazos de cualquiera.

–¿Quieres que te tratemos con el mismo cuidado?

–Sí.

Más tarde, durante la Consagración, el Señor está ahí: alto, viviente, todopoderoso.

–Señor, te siento de pie ahí, grandioso, de cierto modo majestuoso sobre mí. Es tan diferente la forma en que estabas hace unos cuantos minutos, diminuto y precioso.

–También éste soy yo. Soy ambos. Di a los demás que yo soy ambos.

26 de junio (la capilla, la Ermita)

Desde el inicio de la misa, Jesús viene a sentarse junto a nosotros, a mi derecha. Una vocecilla me dice que quizá esto es sólo una ilusión, una cierta forma de autosugestión. Estoy desgarrada en dos: ¿debería escuchar a la vocecilla y regresar, o debería permitirme saborear su presencia? Siento algo de pánico.

–Señor, no quiero engañarme a mí o a ti. Por favor asegúrame que eres tú en realidad.

–No temas nada. No temas.

–¿Por qué estás aquí?

–Para dar valor a todos ustedes. Para hacerles saber que estoy muy cerca de ustedes. Soy un cosechador como ustedes. Estoy para cosechar con ustedes.

Al salir de misa, nos enteramos de que otro Compañero se ahorcó. Estoy azorada, y sin embargo en mi interior siento calma. Mientras Pierre se ocupa del cuerpo del hombre que se dejó ir en su desesperanza, voy a comunicarle la noticia a los Compañeros. Todos están ahí sentados, mirándome. Éstos son hombres que rara vez muestran emociones, pero cuando les digo lo ocurrido, no pueden con las terribles noticias y se quiebran. Le pedí al Señor que pusiera sus palabras en mi boca. No sé qué es lo que los hombres escucharon, pero sé que la paz reina en mí y que eso es lo que el Señor me dio.

28 de junio (la Ermita)

Sigo sintiéndome en paz. No es la primera vez que me topo con personas que se han privado de la vida. Pero ahora no estoy inundada de dolor, aun cuando comparto la pena.

Fuimos a la Ermita con Pierre para bendecir nuestra nueva casa. Oramos. Jean-Yves, el Compañero que descubrió el cuerpo, nos escucha con atención.

–Estoy entrando en esta casa. Síganme. Caminen tras de mí. No teman de nada.

La casa, el futuro hogar de la Comunidad, está bendecida. Me detengo por un momento en la habitación que será nuestra nueva capilla.

–Señor, la gente dice que empezamos mal. Yo no me siento así.

–No, no están empezando mal, pero están empezando con pobreza. Ustedes comparten la pobreza de la condición humana.

Esa noche, en la Eucaristía:

–Señor, quieres que seamos dóciles y obedientes. Quieres que seamos como un peón en tu mano.

–No, no como un peón. No entiendes.

–???

–Tú me sigues, todos ustedes me siguen, y ustedes me obedecen, pero yo no abuso "de ustedes". Los trato con suavidad. No teman.

–Sí, Señor. Por cierto que siento que estabas cerca de nosotros. Que nos protegías.

En la Comunión, él está en mi mano, tan frágil.

–Ves, Nicole, tú tampoco abusas de mí. Me llevas con suavidad en tu mano. Yo hago lo mismo por ustedes. No temas. Estoy aquí. Todos ustedes, no teman.

2 de julio (en el pueblo)

René, el Compañero que se suicidó en la Ermita, tenía esposa y siete hijos. Pasó un tiempo en un hospital psiquiátrico. Humanamente hablando estaba estancado, enterrado bajo una montaña de problemas.

René está bien donde está. En lo que respecta a mí, estoy en paz aun cuando hasta ahora siempre reaccioné a los problemas de los Compañeros de modo muy emotivo. No es que no esté involucrada, sino que estoy en paz.

Hoy, el sepelio fue simple y directo.

Los Compañeros estuvieron ahí, muy sobrios y con sus mejores ropas de domingo. La familia, aturdida por su tragedia, se encierra en sí misma y no hacen caso de nadie más. El ataúd comienza a bajar. Me gustaría abrazar a su esposa como señal del amor de Dios para ella. Me acerco a ella. Me parece que durante unos momentos unos ojos se iluminan. "Gracias", murmura. Una corriente pasó entre nosotros, pero lo que en realidad deseaba es que tú pasaras entre nosotros, Señor.

6 de julio (la capilla)

Antes de asistir a otro funeral a la mañana siguiente, esta vez con funcionarios, bomberos, flores y regalos, le hablo:

–Nos sostenemos de un hilo. La vida se sostiene sólo de un hilo. Lo único que tenemos es un hilo frágil y tenue para unirnos a los Compañeros. Todo el tiempo se rompe o amenaza con romperse.

–Sí. Es frágil y débil. El hilo es muy fino, Nicole. Acéptalo como tal. Yo soy el que le da su fuerza y sólo yo puedo hacerlo resistente.

Es verdad que el lazo que me une al Señor parece terriblemente fino, casi invisible, y sin embargo me siento más unida a él hoy que si estuviera encadenada a él.

Una caminata por algunos campos

–Mira mi reino.

Creo que es un campo de trigo fanfarrón. Las espigas son doradas y verdes, de un verde intenso.

–¿Tu reino? ¿Qué quieres decir?

–Mira.

–¿Qué quieres decir?

–El campo es mi reino. El oro es mi suavidad. El verde es mi fuerza.

–¿Tu suavidad, tu fuerza?

–Sí, la suavidad y la fuerza que puse en ti. Tú eres las espigas de grano. El campo es mi reino.

Tu palabra, o más bien tu imagen, me llena de alegría pero también me deja perpleja.

7 de julio (Saint-Veran)

Hoy Jesús me lo explicó.

Vacaciones en una pequeña aldea en los Alpes del sur. Todos nos sentimos felices de tener una semana libre y sin horarios. Con mis pies en el riachuelo y mis ojos en la montaña, agradezco al Señor por tantas bondades, por todo.

–Tu reino es realmente hermoso, Señor. Gracias.

–Sí, mi reino es hermoso.

–No en su totalidad. Aquí y ahora, en este momento, lo es.

–No, todo lo es. Ve el riachuelo.

Lo miro. El agua corre sobre rocas y piedras. Aquí y allá hay trozos de madera.

–¿El agua, el riachuelo, eres tú?

–Sí.

–¿La madera, las rocas y las piedras somos nosotros?

–Sí.

–Hay algunas que ni siquiera se han humedecido por ti.

–Es verdad. Pero, sin embargo, puedes ver que es hermoso.

–Sí, Señor.

–Éste es mi reino.

En la montaña reflexiono acerca de esta imagen cuando no estoy pensando en lo mucho que me duelen los pies o preocupándome de no caerme. El Señor nos dice que no nos detengamos en ninguna roca o piedra. Cada uno es parte del todo. Vino como una respuesta a la pregunta que le hago con tanta frecuencia, cuando leo en los periódicos acerca de las catástrofes con sus sufrimientos y sus muertes.

–Es una respuesta, Señor, pero no una explicación.

–Yo no explico.

–¿Qué haces, entonces?

–Hablo, sugiero.

8 de julio (Saint-Veran)

Desde los senderos, la montaña es hermosa. Philippe y nuestra amiga Christine son felices. También yo.

Reanudamos nuestra conversación.

–Me gustaría que me explicaras las cosas. Mientras me hablas, ¿por qué no me explicas las cosas?

–No puedo. Es mi reino, nuestro reino. Si lo entendiste, se puede convertir en tu dominio.

A lo que llega todo esto, es que el Señor necesita nuestra confianza, nuestra confianza infantil. Él necesita que no sepamos para que podamos trabajar, actuar, vivir con nosotros.

9 de julio (Saint-Veran)

Misa a las nueve, en la sacristía. Sólo somos seis personas: tres turistas y tres mujeres mayores del vecindario. El sacerdote celebra la misa como si estuviera en una catedral llena de gente. Su voz es sonora y fuerte para su magra consagración. Está un poco fuera de escala y sin embargo la misa es conmovedora. El Señor, atento como siempre, viene y me envuelve con su presencia. Él comprende, y me siento segura en sus brazos. La experiencia es tierna y simple. Sólo puedo responderle con lágrimas en las que no hay tristeza.

–¿Por qué yo? ¿Por qué todo esto?

–Porque te elegí a ti.

Hasta ahora, hubo una cierta forma de hablar que me exasperaba. La forma en que las monjas hablaban de Jesús –como si él fuera su amante– me parecía equivocada. Me parecía que exageraban. Siempre consideré al Cantar de los Cantares como reservado a una cierta élite, pero ahora sospecho que es posible una relación completa (casi dije una relación sexual) con el Señor. No sólo es posible para un Juan de la Cruz, sino que se ofrece a la madre de una familia, que es lo que soy yo, a una mujer cristiana, perfectamente ordinaria como yo. ¡Es asombroso!

Vamos a otro lugar. Es igual de hermoso. Hay una roca muy cerca. La corriente fluye sobre ésta, cubriéndola por completo en agua transparente.

El Señor me mira con complicidad.

–La roca eres tú, Nicole.

–El agua que corre sobre la roca ¿eres tú, Señor?

–Sí, lo es. ¿Qué es lo que ves?

–Me veo a mí misma con claridad bajo el agua. Nos veo a ambos, pero lo que me parece fascinante es el agua.

El Señor agrega:

–Muéstrame a los demás. Revélame. Permítete sumergirte en mí. Muéstrame a los demás.

Al dirigir mi mirada sobre la corriente, noto otras rocas. Son hermosas y bien situadas donde están. Me doy cuenta de que no soy mejor que la roca que está junto a mí. Sólo estoy más húmeda, más sumergida. Soy distinta, pero no mejor.

10 de julio (Le Roux, Le Queyras)

Camino por prados llenos de flores. La montaña ha cambiado. La armonía que reina entre nosotros, la belleza del paisaje, me hace querer alabar y agradecer al Señor. Me siento muy humana y feliz, de estar viva en esta tierra.

–¿Y tú, Señor, dónde estás?

–Estoy aquí.

–¿Sabes?, tengo la sensación de que cuando me arrojo al momento presente olvido el mundo espiritual. Tengo la impresión de que hay dos mundos, el mundo de los seres humanos y el mundo que pertenece a ti, aun cuando sé que eso no es verdad. ¿Dónde estás tú cuando estoy feliz, como lo estoy ahora?

–Estoy aquí, pero me aparto un poco del camino.

–¿Te apartas del camino?

–Sí. Tú haces lo mismo con Laurette, Philippe, los muchachos. Te quedas en el fondo cuando están con sus amigos o con otros. Yo hago lo mismo.

–Gracias, Señor. Puedo entender eso. Te pedí otra forma de decir "te amo", pero tú nunca me la respondiste.

–No.

–¿No me darás otro camino?

–No.

–¿Por qué no?

–Tú no necesitas otra forma de decirlo.

–?!

–¿Philippe lo dice?

–No.

–¿Ves?, no lo necesitas.

–¿Qué quieres decir?

–Si le dices a alguien "te amo", el riesgo es que te detendrás ahí. Cuando dices "te amo", necesitas añadir "ahora haz lo que quieras".

–?!

–Ya sabes que el amor es un espacio. Es un amplio espacio que libera a los otros. Libres para desarrollarse, para alejarse, para acercarse. Lo esencial, Nicole, es estar unido el uno al otro.

11 de julio (Le Queyras)

Mientras camino por los bosques, vuelve a mí la idea de una partitura musical. Atesoramos el silencio, el tiempo y el espacio que tenemos para nosotros. Quiero hacerle preguntas, pero siempre temo que no me responda.

–Quieres que toque mi parte en tu dueto, pero tú sabes que soy muy vulnerable. Soy sensible a la belleza de las personas y las cosas, a las tragedias, al sufrimiento. ¿No ves que soy vulnerable? ¿Y qué contigo?

–Soy invencible.

–Y yo soy... vulnerable.

–Sí.

–¿Es realmente así?

–Sí.

–Si dejo que tú interpretes tu parte, ¿también me harás invencible?

–Sí, y tú siempre supiste eso.

Unos momentos después:

–¿Ofreces con frecuencia que interpreten tu parte?

–Sí.

–Pero ¿los demás no quieren hacerlo?

–No, ni siquiera saben lo que estoy ofreciendo.

–Eso debe lastimarte. Me siento mal cuando veo que la gente es maltratada, en especial si se abusa de ellos en forma física. Esa clase de cosas me repugnan. Pero supongo que tú sientes más sufrimiento que repugnancia por aquellos que maltratan a otros.

–Sí, es verdad, me siento mal, mal por ellos. Si sólo supieran.

–¿Te sientes tan mal?

–Sí, muy mal.

Después:

–Dime, Señor, ¿verdad que no juzgas?

–Me siento mal.

Vuelvo con obstinación al tema:

–Si no me juzgas, si me amas a ese grado, ¿hay un infierno, Señor?

–¿Por qué estás tan preocupada por los asuntos de mi Padre?

–?!

12 de julio (Le Queyras)

Iniciamos camino al amanecer. Mi cabeza nada, el corazón me palpita. Escalamos. Esta clase de mal de montaña es difícil para mí; todo está nublado. Me gustaría hablar con el Señor, pero no lo consigo. Me conformo con poner un pie frente al otro y esperar poder llegar a la cima. Lo logramos. La montaña es escarpada y yerma. Hay rocas en todas partes. Me sorprende ver que unas pequeñas flores logran sobrevivir en estas áridas alturas. Por enésima vez me digo a mí misma: "¡Qué hermoso!"

–Sí, es cierto. Son hermosas. Sé como ellas.

–¿Qué quieres decir?

–Sé lo que amas en ellas.

–Son simples y brillantes, Señor, como los ojos en los que te gustaría sumergirte.

–Sé como esas flores en las rocas. Confórmate con ser esos pequeños puntos de luz.

13 de julio (Le Roux, Le Queyras)

Es bueno vivir y dejarse vivir a uno mismo.

–El momento presente es bueno, Señor.

–Tómalo. Vívelo en su plenitud. Yo estoy en el momento presente. Yo soy el presente.

14 de julio (Le Queyras-Aiguille)

Debemos escalar para llegar a la misa. En el ascenso, me siento un poco distraída. Se lo digo.

–*¡Zut!* Parece que hoy no tengo mucha prisa en ir a ti.

No hay respuesta.

La misa se inicia. La iglesia está llena. La celebración es simple y llena de plegarias.

–Gracias por Christiane, por Philippe. Gracias por esta armoniosa semana.

En el momento de la Consagración me siento invadida de nuevo. Siento un peso en mi nuca; mis ojos se cierran. A mis párpados les cuesta mucho trabajo abrirse dos veces para ver el pan y el vino elevado sobre el altar. No soy yo quien adora al Señor, sino que estoy convertida en alguien que adora y ofrece. Sigo siendo yo misma, muy viva, y por completo consciente de lo que ocurre.

–Mi Señor y mi Dios ... Estoy comenzando a descubrirte, Señor, aun cuando ya te conocía antes. Yo siempre fui a la iglesia. Pero ahora todo es distinto.

–Sí. Pero no me conocías bien. Yo era como ropa que te ponías al revés.

–¿Y ahora, Señor?

–Ahora la vistes como debe ser.

Amén.

15 de julio (la estación de trenes en Grenoble)

Me despido de Philippe y Christiane en la estación. Durante el aburrido viaje en tren, recito el Padre Nuestro y el Ave María.

–"Reza por nosotros los pecadores"... Cuando digo "pecadores" siempre se me atora un poco en la garganta. No me considero una pecadora. Dime, Señor, ¿es falta de humildad no considerarse pecadora?

–No. Nuevamente lo malinterpretas.

–Si no es falta de humildad, Señor, ¿entonces qué es? ¿Es falta de qué?

–Falta de obediencia a la libertad de mi amor. Falta de flexibilidad de permitirte que yo crezca en ti.

–Sí, lo comprendo. La palabra "pecadores" no es negativa. Es una invitación a crecer, a dejar que uno crezca en ti.

Una pregunta tonta e infantil pasa por mi mente.

–¿Por qué "pecador", Señor? Sería mucho más simple para ti que no fuéramos pecadores.

–Nicole, mi Padre y yo no necesitamos títeres.

16 de julio (Moustiers-Sainte-Marie)

Nada. No, no es nada. Es mucho. Tengo la impresión de estar acompañada.

17 de julio

–¿Estás ahí, Señor?

–Sabes que lo estoy.

–¿Qué estás haciendo?

–Te dejo vivir. Aprovéchate de ello.

Y es verdad. En la casa de mis amigos, la clase de casa en la que uno sueña, rodeada de lavandas y espacios abiertos, estoy tan feliz como puedo estarlo. Permito que se me consienta como un hijo único mimado al abrigo de los corazones de Annie y Gabriel.

–Esto es bueno, Señor. Gracias a ellos y a ti.

–Tómalo. Te lo doy para tu goce.

18 de julio

Me levanto a las seis y media. Estudio a Baudelaire. De pronto escucho campanas en una montaña cercana. Un rebaño de ovejas baja por el camino a la luz matinal. El pastor está tras de ellos, apoyándose en su bastón. Deja que el rebaño se apacente. La escena es tan bíblica. Tengo la impresión de que el Señor me dice:

–Como puedes ver (como todos ustedes pueden ver) dejo que vayas ante mí para vivir, para probar y comer de la vida en los momentos que te doy.

19 de julio (Moustiers-Sainte-Marie)

Un momento de silencio, alejado de la plática y el parloteo.

–Es bueno, Señor, caminar por los senderos sobre esta pequeña aldea. Tu Naturaleza es hermosa. Me beneficio de ella, ya lo sabes.

–Es bueno que sea así.

–¿Me estás dando estos días benditos y plenos para armarme y nutrirme para el mañana?

–Nicole, no soy un maestro de escuela.

–¿Qué eres, entonces?

–Un revelador. Abro tus ojos y te revelo cosas mientras tú pasas.

La imagen de algo arrojado al agua y que hace círculos más y más grandes cobra forma en mi mente.

–¿Podría decir que tu forma de trabajar es en círculos concéntricos?

–Sí, es un poco como eso.

–Dime, Señor, ¿podría suceder que esas olas se hagan más y más grandes hasta que toquen otras orillas? ¿Lo que me revelas está destinado a otros, Señor? ¿Me lo dirás?

–Eso sucederá. No te preocupes por ello.

–¿Me harás saberlo?

–Eso sucederá.

20 de julio (Moustiers-Sainte-Marie)

El sol cae sobre mí en el camino a la aldea. Yo le hablo a él.

–El camino por el que paso es un poco como el que pusiste ante mí, Señor. ¿Lo que debemos hacer es caminar y nos reuniremos al final?

–No.

–¿Por qué no?

La imagen, o más bien la presencia del Señor, se hace sentir. Está frente a mí, con los brazos abiertos.

–No estás al final del camino sino frente a mí, aquí. ¿Eso es lo que tratas de decirme?

–*Sí.*

–¿Están tus brazos abiertos para llevarme donde la marcha sea muy difícil?

–*No sólo entonces. Cuando lo estás consiguiendo, también te acompaño. Sin costo.*

El Señor parece sonreír y divertirse de mí. Me detengo en la pequeña iglesia de Moustiers. Le agradezco, rezo por su perdón, mis intenciones, en un solo nudo grande. Es una plegaria convencional, no es nada especial. Salgo de la iglesia sintiéndome en paz. La paz es interior.

En el camino de regreso me pregunta:

–*¿Por qué quieres rebasarme? ¿Por qué quieres caminar adelante de mí?*

–Es verdad, Señor. Estoy ansiosa de mostrar mi pequeña libreta a Gabriel y a otras personas, y de contarles de mis encuentros contigo.

–*Vas demasiado aprisa.*

Viene a mis labios el estribillo de una vieja canción de amor: "Guárdalo para ti. No digas a nadie que el amor me volvió loco..."

Ahora el Señor está divertido en definitiva.

–¿Estoy usurpando tu espacio, Señor? ¿Es tu parte del dueto?

–*Sí.*

Domingo (misa en Moustiers)

Un viejo sacerdote celebra la misa. La iglesia se encuentra llena pero no estamos juntos. Se oye un sermón amenazante y desmoralizador acerca de los males de nuestra era: sobre todo el sexo. Me enerva. En parte, lo que dice es verdad, pero me hace sentir tensa. Para calmarme un poco, hago que la plegaria se eleve en mí aun cuando sigo escuchando.

En la consagración, el Señor aparece sobre el altar, con los brazos abiertos para abarcar a la multitud.

–Señor, me habría encantado ver un trocito de tu manto tras las palabras del predicador.

—*Nicole, ése es su modo de decir que me siento mal.*

—¿Te sientes mal?

—*Es difícil. La gente es difícil.*

Esto conmueve mi corazón.

—Señor, alcanzo a sentir lo abrumado que estás. Quiero ayudarte a llevar tu carga. ¿Qué puedo hacer?

—*Sigue siendo las pequeñas flores de mi reino.*

4

No compliques las cosas

23 de julio, 1985 (de vuelta a casa)

De regreso a la rutina y a la Comunidad. Siempre me es difícil regresar a estas tristes barracas donde todos los días hay tantos problemas. Ir de un planeta al otro es siempre difícil. La vocecilla que ya conozco bien canturrea: "¿Qué estás haciendo aquí, Nicole? Estás perdiendo el tiempo. Ellos se las arreglan sin ti". Me cuesta algo de trabajo volver a abordar el tren en movimiento.

En la Eucaristía no experimento el goce de siempre de celebrar misa en esta capilla que todos amamos tanto.

–No estoy calmada y serena, Señor. Tienes que aceptarme como soy. Ya sabes que eso es más bien difícil.

–No temas.

En la Consagración:

–Yo te conduzco. Te estoy llevando conmigo. No temas.

–Pero me encanta saber adónde me estás llevando. ¿Es bonito allí? ¿Es tan hermoso el lugar al que nos llevas?

–No necesitas saberlo. Eso no sirve para nada.

23 de julio (en camino a la Comunidad)

–Señor, los Compagnons du Partage son un verdadero teatro. Me fui dos semanas y ya hay un nuevo reparto y una nueva obra.

–Te estoy prestando a estos hombres. No hagas planes.

24 de julio (la capilla)

–Debes ser como un niño. Dejarlo ser.

–Señor, me dices eso todo el tiempo. A mí me parece que estamos dejándolo ser. Cuando me dices que nos estás prestando a los Compañeros, ¿también te refieres a Pierre?

–Sí, yo te los estoy prestando a ti.

–Y ¿por qué no quieres que hagamos planes para ellos?

–Porque yo sé lo que ustedes necesitan. Yo sé lo que es adecuado para ellos. Si tú haces tus propios planes, evitas que les dé regalos a ti y a ellos.

25 de julio

Hablo con él en camino a la Comunidad.

–Al pensar en todo lo que nos dices, Señor, tengo la impresión de que quieres que seamos tan ligeros como sea posible.

–Sí.

–¿No quieres que nos aferremos a nada, a nadie?

–Correcto.

–Tengo la impresión de ser un mar que siempre está en movimiento. Me siento un poco mareado.

–¿Por qué? Deja que los hombres entren y salgan de esta Comunidad. Ya te lo he dicho antes: como hojas al viento. Ánclate en mí. Yo soy el punto fijo, tierra firme. Ya no volverás a sentir ese dolor en el alma.

–Al pensar en la profundidad, entonces, tú eres primero, Señor. De cierto modo, los Compañeros vienen en segundo lugar.

–Sí.

–¿Entonces voy en la dirección equivocada cuando me preocupo primero por ellos?

–Sí.

Eucaristía en la capilla

–Permíteme actuar en ti. Déjame ser libre por completo.

–¿Acaso te estorbamos o te frenamos, Señor?

–No, realmente no, pero no te estás apoyando lo suficiente en mí y dentro de mí.

26 de julio (la Comunidad)

Misa. Tres Compañeros están aquí y una mujer que es amiga de la Comunidad. El Señor está presente desde el inicio de la misa. Deambula y va de uno al otro.

—¿Por qué te mueves así esta noche, Señor?

Y luego, de pronto, me siento presa de la duda. ¿Qué pasaría si yo hubiera inventado todo esto? ¿Qué pasará si todo esto es autosugestión? ¿Qué pasará si...? Conozco muy bien este juego. Me deja muy alterada. Trato de calmarme en mi interior.

Mi corazón se hace más cálido. Palpita un poco y escucho al Señor decirme:

—Diles lo que te digo a ti.

—Pero, ¿qué pasa si sólo soy yo, Señor?

—Diles.

Les relato nuestro diálogo, aun cuando la presencia de los Compañeros me parece intimidante. Prosigo.

—Señor, por lo general no te mueves tanto. ¿Por qué estás tan activo esta noche?

—Porque yo soy movimiento.

—¿Acaso piensas que nosotros no nos movemos?

—No marques el tiempo. No hagas demasiadas preguntas. Sigue moviéndote. Sumérjanse en él.

—¡Ah!

—Tú dices que yo vivo. Entonces, puesto que yo los estoy cuidando, continúen.

27 de julio (la capilla)

El Señor está presente en la parte trasera de la capilla.

—Estás tras nosotros, Señor.

—Sí, para que puedan sentirme. Yo los apoyo. Estoy aquí.

28 de julio (la capilla)

El Señor viene y se sienta junto a mí. A mi derecha. Tan cercano, cálido y vivo como Philippe, a mi izquierda, como los Compañeros.

Está sentado como nosotros y nada más. Su presencia me llena de calor y me llena. Me pesa la cabeza. De nuevo me siento como si durmiera.

Cuando viene el momento de comer el pan y beber el cáliz, parece distante.

—Dime: ¿adónde vas?

—*Les permito probar mi cuerpo. Yo soy* inagotable.

Lo que Pierre acaba de decir es verdad: "Soy inagotable". No está en mi cabeza. No es mi imaginación. Es Él. Me siento abarcada por su presencia.

—*Sumérgete en mí. Sumérgete en mi presencia. Feliz o infeliz, tú estás bañada con mi amor. Soy inagotable.*

29 de julio

Siete treinta de la mañana. Un telefonema de Pierre. Hay desórdenes entre los Compañeros. Cinco de ellos desobedecieron los reglamentos de la Comunidad. ¿Qué haremos? Son las ocho treinta. Vamos a la capilla para preguntarle a él, que nos conduce.

Plegarias. Pregunta:

—¿Qué podemos hacer?

Respuesta: Carta a los Colosenses 4:2-6.

—*Dedíquense a las plegarias, manteniéndose alertas en ellas con agradecimiento... Compórtense con sabiduría hacia los desconocidos, ocupando en ello la mayor parte del tiempo. Permitan que su hablar sea siempre gracioso, condimentado con sal, para que sepan cómo deben responder a cualquiera.*

—Gracias, Señor. Quise expulsarlos, pero no hicimos nada por el estilo. Los cinco se fueron, con destino desconocido. Algunos se despidieron, otros no dijeron nada. Ni una señal, ni siquiera una palabra de agradecimiento. "Si arman desórdenes, pagarán por ellos." Eso es todo. No hay nada más que decir. Se obtiene lo que se merece.

Recuerdo lo que el Señor nos dijo:

—*Surcen, cosen.*

—Pero la ropa te pertenece a ti, Señor.

Esta noche, en la Eucaristía, su mensaje se extiende al Evangelio del día.

–Sean simples y pequeños.

–Dinos algo más, Señor.

–Vivan. Tomen con simplicidad las cosas, los hechos y a la gente.

–¿Por qué insistes en la simplicidad, Señor?

–Porque eso hace que la tarea sea más fácil para ustedes. No compliquen las cosas. Sean simples. Yo les daré el aumento a su debido tiempo. Si son pequeños y simples, yo podré actuar con grandeza tras de ustedes, después de ustedes.

30 de julio (la capilla de los Compañeros)

No estoy muy receptiva esta noche. Pienso más acerca de mi falda negra, que me gusta mucho, de lo que pienso acerca de ponerme ante él en silencio.

–Señor, estoy frente a ti y sin embargo me siento un poco frívola. Tengo alguna dificultad para entrar con profundidad en mí para reunirme contigo.

–En la Consagración es siempre lo mismo. Está ahí, vivo, presente, atento.

–Sumérgete en mí. Soy invencible. Me he sobrepuesto a todo en todo momento, todo lo que es... lo hermoso, lo bueno, lo feo, lo malicioso, lo violento. Estoy aquí, viviendo.

31 de julio

Es un día hermoso. Tenemos los planos para nuestras nuevas viviendas en la Ermita. Pierre sale a acostarse. Los Compañeros están en la granja, agradecidos de trabajar. Beauce sigue siendo dorado y madura al sol. Todo en mí canta por el goce de estar viva, de ver a los demás serenos y, aunque no feliz, por lo menos me siento descansada y más o menos en paz.

Salgo de la casa, dispuesta a dar la bienvenida a mi Laurette, a la que no he visto desde hace un mes, y a mi amiga Martine y sus hijos. Mi corazón canta de goce, y entonces, como si hubiera salido de compras, de pronto me encuentro con el rostro rudo y malicioso de Jean-Yves. Acaba de volverse contra un amigo y debe sentirse beligerante y también culpable. Es una cuchillada en medio de nuestra armonía.

–Nicole, ámalo.

–Mira, Señor, eso es más bien difícil. Él se volvió también contra mí, ¿recuerdas?

–Sí, lo sé. No temas. Reza por él. Ámalo.

–¿Te das cuenta de lo que me estás pidiendo?

–Sí.

–¿Cómo quieres que actúe?

–Yo iré contigo. No temas. Te ayudaré. Ya lo verás. No hagas nada excepto rezar por él.

1 de agosto (en el camino)

–Me sobrepuse a todo.

–¿A todo, Señor? Mira los periódicos, escucha el radio. Todo lo que ocurre, los crímenes, las guerras...

–Todo. No es suficiente creer que yo me he sobrepuesto a todo. Ustedes también tienen que vivir en esa creencia.

–¿Cómo, Señor? ¿Me vas a dar una grabadora para que pueda encenderla cuando las cosas se pongan muy difíciles?

–No, tienen que vivir en la creencia. No esperen a confirmarla. Vívanla adelantados al tiempo, y no después.

–¿Por qué? Tú sabes lo difícil que es vivirla.

–Adelantados al tiempo, *para que yo pueda intervenir. Para que ustedes puedan dejarme ir con ustedes. Para actuar y hablar y vivir con ustedes.*

Misa en el asilo en Thieulin un poco después. En la Consagración, es como si Cristo estuviera una vez más, años después. Él es siempre el mismo. El tiempo se encoge al punto donde el ayer y el hoy son uno. Tengo la impresión de ver al Señor y de estar con él en el Jueves Santo. No se reproduce la última cena. Vive como si fuera nueva. Lo es.

4 de agosto (Saint-Benoît-sur-Loire)

–Yo siempre apilaré goces en ti.

–Te creo, Señor. Pero dime: ¿cómo lo lograrás? Sabes muy bien que la vida y que el mundo son a veces difíciles. Explícamelo.

–Cuando hablas acerca de tus estudios en París, acerca de lo que descubriste, a veces con un gran esfuerzo, afirmas que has acumulado una riqueza que no pertenece a nadie más que a ti y que nadie puede quitártelo. ¿Estoy en lo correcto?

–Sí, Señor, estás en lo correcto.

–Y bien, yo soy tu tesoro. Estoy en ti. Tú lo sabes. Nadie puede despojarme de ti.

–Pero... ¿apilar goces? ¿Cómo harás eso?

–Yo no, Nicole. Eres tú quien logrará eso. En cualquier ocasión, en cualquier momento puedes venir a buscarme y me encontrarás.

–¿Y qué harás tú?

–Cuando estés feliz, yo seré feliz contigo. Cuando llores, lloraré contigo.

–¿Y cuando todo sea muy pesado?

–Yo te cargaré. Te daré a alguien que te ayude.

–Me has elegido a mí, Señor. Pareces querer cubrirme con tu luz, abrigarme en tu manto, en ti.

–Sí, es verdad.

–¿Para hacer qué, Señor?

–Para que resplandezcas y me proclames.

–Pudiste haber elegido a un sirviente con más talento que yo. Yo no soy en especial pacífica o suave.

–Te enseñaré.

–¿De modo que todo lo que debo hacer es seguirte y dejarme ser?

–Sí.

5 de agosto (en camino a Thieulin)

–Somos (soy) un poco como una dicotomía. Dos mundos, el humano y el espiritual.

–No, estás equivocada.

–¿A qué te refieres?

–Yo te doy estos dos mundos para que vivas en ellos, y debes pasar en forma continua de uno al otro uniéndolos. De seguro puedes darte cuenta de que si no lo haces puedes morir. Tienes que seguir yendo de uno al otro.

Después:

–Ahora puedes darte cuenta de que tu idea acerca de la eternidad estaba equivocada.

–!...!...

–Me dices que el sólo pensar en la eternidad te hace sentirte débil.

–Sí, es verdad.

–¿Por qué? Mi eternidad es el día cuando ya no tengas que ir de un mundo al otro. Los dos mundos serán uno solo.

6 de agosto (misa con los Compañeros)

Martine, Henriette, dos Compañeros.

–Hablo contigo. Estoy a tu lado. Te ayudo.

–Señor, tienes tanto que cargar. Quieres que te demos nuestras cargas, pero tu cruz ya es de por sí muy pesada.

–Es aún más pesada cuando no me dan sus cargas.

7 de agosto (misa con los Compañeros)

El Señor está aquí, arrodillado ante cada uno de nosotros. Su rostro ante mí (sin rasgos que lo distingan, pero poderoso y apasionante) parece atraerme hacia él. En mi interior estoy en paz. Tengo la impresión de que me estoy hundiendo o derritiendo en él.

–El mundo está tan mal. Los problemas y los penares de los Compañeros ... Qué difícil nos es entender.

–Recen por aquello que no entiendan. No les di el mundo para que lo dominen con la inteligencia. Les he dado un campo que deben cultivar. El mundo que está tan cercano a ti, los Compañeros, Pierre, Philippe, tus hijos, tu pequeño mundo... Para lo demás, no comprendes, así que reza.

8 de agosto (misa con los Compañeros)

El Evangelio de Mateo 9:18-26.

–Esta mujer y su fe, Señor... ¿Acaso su fe no es una especie de magia? ¿Sigue siendo hoy tan verdadero como ayer que todo lo que necesitamos es fe?

–Sí.

–¿Para mí también?

–Sí. ¿No estás segura de eso? ¿Acaso no he respondido a todas tus plegarias?

Pienso acerca de esto y es verdad: el Señor siempre ha respondido a mis plegarias.

–Sí, Señor, es verdad. Me cuesta trabajo decirlo, pero es verdad. Respondes a nuestras plegarias cuando lo pedimos con todo el corazón y cuando es urgente.

–Sí, Nicole, sí.

–Señor, hoy no te pido nada para Pierre. No te pido que lo cures. Tampoco lo pedí para Françoise, ¿recuerdas?

–Sí, lo sé.

–¿Y qué hay con Pierre, Señor?

–No te preocupes. No te preocupes de nada. No pediste nada para él. Eso está bien. Espera. No te preocupes de nada.

9 de agosto (los Compañeros)

–Sean como niños, sean siempre así.

–Señor, ¿por qué insistes en esto?

–Porque si me dejan libre, como lo hacen los niños, podría mostrarles cosas maravillosas y darles regalos.

Hoy hay pesadumbre y tristeza. No estoy segura de dónde viene. Me dan ganas de mostrar mi pequeño cuaderno a un amigo. Pierre me dice que no lo haga. Trataré de obedecer, pero no siento que pueda. Tengo la impresión de que nosotros dos, el Señor y yo, tenemos una discusión. No nos estamos llevando muy bien. Trato de decir plegarias de alabanza. Me irrita.

Durante el día, este estado de ánimo cede. Y por la noche, durante la misa, el Señor está sentado junto a nosotros, con sus codos sobre las rodillas, terriblemente presente.

–Háblales, Nicole.

Les digo que está aquí, sentado con nosotros para confortarnos y decirnos que está con nosotros, que está aquí no para vernos sino para actuar con nosotros, dentro de nosotros. Es poderoso.

–Señor, me estás mirando. ¿Qué es lo que quieres?

–¿Quieres seguirme?

–Míralos y date cuenta, Señor. ¿Acaso estoy haciendo otra cosa?

–Sientes resistencia. Déjate ir.

Aparece la imagen de un gran tubo, con agua fluyendo de él.

–¿Tú eres el tubo?

–Sí.

–¿Y yo soy el agua?

–Sí.

–¿Por qué?

–Déjate ir. Déjame canalizarte. Yo soy el que dirige la forma en que fluye el agua. Debes estar dispuesta a dejarte ir. Ya verás.

¿Cómo puedo resistirme a él cuando siento tal preocupación y respeto, todo al mismo tiempo? No tengo la menor inclinación a obedecerlo, pero lo haré, porque no puedo rechazarlo. Eso no sería correcto y sin embargo...

11 de agosto (Bretaña, l'Aber W'rach)

Unas minivacaciones con Philippe y Laurette. En la playa. Cuando llegamos, el cielo estaba gris y llovía. De pronto se despejó y el mar cambia de color en forma constante.

–Sé adaptable, como la superficie que estás mirando.

–...!

–Cambia, se mueve, se enrojece, es efervescente...

–Sí, así veo. ¿Quieres que me deje ir y quede por completo a tu merced?

–Sí.

¡Eso es todo!

13 de agosto (Bretaña)

Una lectura del inicio de la Primera Carta de San Juan. Me detengo en 1:10: "Si decimos que no hemos pecado, hacemos que él mienta, y su palabra no está con nosotros".

Al día siguiente, la frase se me aclara: "Aquellos que han nacido del Señor no son pecadores" (3:9).

—Pero, Señor, aún estoy un poco confundida.

—En lo que acabas de leer tienes todos los fundamentos.

—El fundamento eres tú. Está en tus manos. Y a veces vemos un lado, y a veces el otro, ¿es verdad?

—Sí.

14 de agosto (Bretaña)

Primera Carta de San Juan 3:22: "Y recibimos de él todo lo que pedimos, porque obedecemos sus órdenes y hacemos lo que a él le place".

—Esto es difícil de entender y aceptar. No lo entiendo bien.

—Está bien, no lo entiendes.

—Lo que me molesta es el "todo". Tú no otorgas todo, ¿verdad?

—Yo no otorgo cualquier cosa.

—¿Quién nos dirá cómo pedir lo que te place?

—El Espíritu Santo. Ya lo sabes.

—Pero espera un minuto. Si nosotros debemos pedir lo que te place, ¿no vamos a jugar un juego de escondidillas?

—De ningún modo. No te preocupes. Te ayudaré a entender.

15 de agosto (misa en una pequeña iglesia de Bretaña)

La iglesia está llena. Tres sacerdotes están concelebrando, y el efecto general es muy doloroso. Es más un espectáculo que una celebración. Me resulta difícil aceptarlo. Imagino por momentos cómo podría llenarse el espacio entre el altar y la gente con cantos y danzas.

Después de la Comunión, recibo la respuesta a la pregunta de ayer.

—Las peticiones se hacen dentro del contexto de una relación entre tú y yo, entre yo y todos ustedes.

—!!... ¿Qué significa eso?

—No le pidas a Philippe o a los niños una cosa anterior en un momento anterior. Es lo mismo conmigo. Ayer no entendiste porque olvidaste lo esencial: la relación.

—Es verdad. Ahora lo entiendo mejor. Gracias.

19 de agosto (la capilla de los Compañeros)

Jesús está en la capilla con María.

—¿Por qué están ustedes dos aquí?

—Para que le pongas atención a María.

—¿Qué quieres decir?

—Haz lo que ella hizo. Ella siempre dijo sí.

20 de agosto (la capilla de los Compañeros)

Jesús y María. Se toman de la mano, y la forma en que lo hacen revela el gran amor que los une.

—¿Han vuelto ustedes dos? ¿Qué es lo que quieren que entienda?

—Sé como ella. Efectiva como ella.

—¿Efectiva?

—Sí. Está presente, suave, valerosa, y sin embargo es radiante. Sé como ella.

22 y 23 de agosto

Un día difícil. En la Ermita los Compañeros discuten, critican, atacan.

Los escucho y estoy un poco asombrada y sacudida. Trato de ponerlo todo en manos del Señor, pero es difícil.

Me vuelvo a reunir con ellos al día siguiente, y esta vez yo hablo y trato de aclarar las cosas. Todo mundo se calma como por arte de magia. Pierre, que está a unos quince kilómetros de acá, nos ayuda con sus plegarias. Además de que el mal humor de ayer desapareció, puedo explicarles ciertas verdades de la casa de modo muy firme. Nos despedimos como amigos y con un buen ánimo.

—Gracias, Señor. Me ayudaste cuando estaba sola.

—Te sostengo en mi mano.

—Gracias.

—Los Compañeros te conducen ante mí, Nicole. Lo que importa no es ser amada por ellos, sino amarme a mí. Ellos son quienes te conducen ante mí en este momento de intercambio de corazón a corazón. Permite que te conduzca por mis caminos.

25 de agosto (la Ermita: primera misa en nuestra nueva capilla)

Una gran reunión de todo el personal y los Compañeros. A algunos de ellos les cuesta mucho compartir la misma vivienda.

Misa. Jesús está aquí. Es grande, casi demasiado grande para esta capilla. Está de pie y nos abarca con su mirada.

–Estoy aquí. Llegué antes que ustedes. No teman. Estoy aquí, y yo soy primero. Dejen que yo siempre esté en primer lugar.

Después de una comida más o menos pacífica, uno de los Compañeros difíciles decide irse. Nuestros problemas se resuelven, por lo menos por ahora.

26 de agosto (la capilla)

El Señor está aquí, abriendo sus brazos en el momento del Padre Nuestro.

–¿Por qué haces eso, Señor?

–Porque tenemos el mismo Padre. Hagan sus peticiones a mi Padre. Estoy con ustedes.

27 de agosto (la capilla)

Me resulta muy difícil ser receptiva a él. Nuestros dos hijos han vuelto de un viaje de dos meses en Estados Unidos.

Después de la Comunión me atrevo a preguntar al Señor:

–¿Somos buenos guardianes?

–Sí.

(Sonríe)

–¿Hace falta algo?

–Sí. Deben tener en verdad el corazón de un niño. Hagan preguntas como lo hacen los niños. Yo haré cosas maravillosas. Cree que lo haré.

28 de agosto (la capilla)

–No temas. No sólo extiendo hacia ustedes mis manos, sino también mis brazos. Camino con ustedes. Me reúno con ustedes con fe. No teman.

29 de agosto (la Ermita, la nueva capilla)

Philippe y los niños están aquí. Y tres Compañeros. La hostia consagrada está en la mesa. Todos nosotros estamos de pie alrededor de la mesa.

–*Soy maleable, infinitamente maleable.*

–Tengo un poco de miedo de decir esto a los demás.

–*Díselos.*

Y digo: "Soy maleable como la arcilla que debe ser moldeada. Yo llenaré lo que está vacío, enderezaré lo que es áspero y torcido en ustedes. Simplemente déjenme acercarme a sus corazones. Soy moldeable".

Septiembre (la capilla)

El Señor está caminando por un camino. Se agacha para tomar algo entre sus brazos.

–¿Qué estás cargando?

–*A todos ustedes. Necesitan que los cargue. Ustedes son los que yo cuido en especial. Los pongo cerca de mi corazón.*

Después de la Comunión, el Señor nos dice:

–*Yo sé lo que hago.*

Septiembre (la capilla)

Desde el inicio de la misa es como si estuviera envuelta en una capa. Aun cuando es gruesa, pesada y llena, es ligera. Es como si fuera parte de él. A él no le falta nada, y sin embargo nadie está excluido. Aquellos a quienes cargo en mi corazón, los hombres y mujeres por los que rezamos, están todos incluidos. Tengo el más profundo deseo de dejarme sumergir en su calidez. Trato de no caer de la banca, pero mi nuca se siente cada vez más y más pesada. Creo que es un regalo del Señor.

–Tú estás más allá de las palabras. No puedo describirte, pero te siento y sé que estás presente. Gracias. ¿Tienes algo especial para decirnos?

–Sí. Te visto con mi ropa. Te hago invulnerable. No temas. Ya te he dicho eso antes. Te he elegido, te protejo, te conduzco. No temas. Lo estoy haciendo.

Hay algo infinitamente dulce y sin embargo, muy fuerte en la presencia que me envuelve.

4 de septiembre (la capilla)

Su presencia es tan intensa que siento que me dormiré desde el principio de la misa. Me resisto a ello.

Una paz profunda y envolvente se extiende a través de mí. Bendigo al Señor y le agradezco. Después de la Comunión, me invade, nos invade a todos nosotros.

–Yo te abarco. Justo como tú eres, con todas tus limitaciones y debilidades. No quiero que seas otra cosa. Te quiero conmigo.

6 de septiembre (la capilla)

Una fuerza parece descender sobre la hostia al momento de la Consagración. Es difícil expresarlo en palabras. Es como un gran peso, y sin embargo es ligero y aéreo. En forma gradual se hace uno con la hostia. Es reconfortante.

–¿Qué tratas de decirnos, Señor?

–Siente esta fuerza y cree. Sabes y crees que yo estoy presente en este momento. Crean en mí, todos ustedes. Crean en mí, el que Está Vivo.

Es tan intenso que está más allá de las palabras.

Domingo (en el campo, con unos amigos)

Una amiga se me confía. La carga que debe llevar y soporta es tan pesada que el corazón me duele al escucharla. Estamos en los límites de lo que es humano, al borde de la locura. La escucho y siento pena por ella.

–Nicole, cree que estoy aquí.

De modo simple y silencioso hago su acto de fe. En silencio... Dichosos son aquellos que pueden compartir su fe, su esperanza. Me sentía tan apenada de hacerlo, Señor, y no dije nada de las riquezas que recibo de ti. Lo único que hice fue lo que tú me pediste: "Cree".

En la oscuridad, sin tener ninguna solución humana, creo. Tú sabes cómo deambular en el silencio, Señor, de modo que si esto es lo que quieres, actúa tu papel. Lo único que puedo hacer es quedarme en silencio y llamarte.

13 de septiembre (la capilla, media hora de adoración)

Le confío a él a los Compañeros.

–*Olvídalos.*

–¿Por qué, Señor?

–*Has venido a verme, a pasar un tiempo conmigo. Olvídalos.*

Me es muy difícil concentrarme en él. Eso ya vendrá. Sólo estoy comenzando.

Un poco después:

–*¿Quieres ser mi sirviente?*

–Sí.

–*Haré de ti una reina, la reina de mi reino.*

–¿Un reino invisible?

–*Invisible y visible.*

La paz que me llena es profunda. La experimenté durante toda la tarde. Si un amigo mío, que es médico, leyera lo que he escrito, posiblemente me enviaría al pabellón psiquiátrico, pero él estaría equivocado. Esta paz en realidad proviene del Señor.

5

Dejen en sus corazones un lugar para Mí

16 de septiembre, 1985 (la capilla, media hora de adoración)

Henri, un Compañero, está conmigo. En silencio. Es un regalo.

Confío a los Compañeros al Señor, a aquellos que están presentes y también a quienes están ausentes. También a Christiane y sus dificultades en el trabajo.

–*No te preocupes* –me dice Jesús–. *Ella pronto se liberará de ellas.*

Y luego miro la hostia en su luneta dorada.

–*No te preocupes. Te ayudaré a comprender. Yo miraré a través de tus ojos.*

–Dime qué quieres decir, Señor.

–*La hostia que ves está rodeada de oro. El oro es mi mirada sobre la humanidad. Vendré a mirar a los demás junto contigo, para ayudarte a verlos como los veo yo. No menosprecio tu intuición, tu forma de ver las cosas. Es tan verdadera como la hostia que estás viendo. Yo vendré y la envolveré en mi mirada.*

Amén.

17 de septiembre (adoración en la capilla)

Hay una gran calma o, más bien, un reposo. Esta noche estoy agotada y vacía, y en la capilla, arrodillada junto a Henri, ofrezco al Señor a todos a quienes están bajo mi responsabilidad.

El Señor viene a nosotros, sonriendo, y nos envuelve con sus brazos. Caigo en una especie de ingravidez. No siento mi cuerpo ni mis manos unidas. Tartamudeo. Eso es todo lo que puedo hacer hoy. Al salir de la capilla, la paz. "No temas." El otro día un amigo mío, que es cura, el padre Guédou, me llamó para contarme sobre su cercano roce con la muerte: "Hacemos que todo sea tan complicado. El mal se pone tantos rostros bellos, pero todo es muy simple. Cuando estás cercano a la muerte, muy poco es lo que importa".

18 de septiembre (adoración en la capilla)

–Señor, en tu presencia me siento dispersa, un poco diluida por todas la personas y cosas con las que estoy involucrada.

–Un poco, sí. Yo sólo te presto a estas personas, esos rostros, esos eventos. Lo que yo te doy a ti, y ya te he dado a ti, es a mí mismo.

19 de septiembre (adoración)

Uno de los Compañeros, quizá el mejor de ellos, está enyesado. Tengo el corazón roto y comienzo a sentirme otra vez débil. El Señor está aquí. Se acerca a mi rostro y me sonríe. Recuerdo las palabras de ayer: *"Yo te los estoy prestando a ellos".*

20 de septiembre (adoración)

–Yo haré que tu casa crezca. No temas. Lo haré.

–¿Te refieres a la Comunidad, Señor?

–Sí. La haré crecer.

21 de septiembre (conversación mientras camino)

–Señor, se nos dice que se supone que no debemos juzgar. Pero no podemos evitar juzgar. Puedo comprender "No condenar". Pero "No juzgar" no tiene para mí ningún sentido.

–Yo les di su capacidad para juzgar. Úsenla. Por completo. No duden, pero no hieran a los demás con sus juicios.

–Por favor, explícame más eso.

–Porque estoy en ellos, también, a mi modo, y aun si no lo ven o a veces ni siquiera pueden sentirlo. No limiten lo que puedo hacer, decir o lograr en ellos. ¿Lo entiendes?

22 de septiembre (misa en Saint Aignan)

Un día pesado y difícil. Demasiadas cosas para hacer. Me siento tan exhausta que comienzo a llorar. El Señor sonríe. Baja por las escaleras y se me acerca.

–¿Quieres seguir siendo mi pequeña sirviente? Haré de ti una reina.

–Sí, lo quiero.

28 de septiembre (la capilla)

Durante mis momentos de adoración vino y, sonriendo, me tomó con mucha suavidad entre sus brazos. Fue simple y reconfortante.

–No temas. Te mimaré.

Antes de despedirnos, le pido:

–Envía cosechadores, Señor. No habemos los suficientes. Te pedí un conductor y tú nos diste uno. Te pedí una solución para uno de los problemas de los Compañeros, y también nos diste eso. Ahora te pido cosechadores. Te diste cuenta de que Pierre se fue unos cuantos días y de que apenas puede mantener la cabeza por encima del agua.

–Yo me encargaré de eso, Nicole. No temas. Te daré todo lo que necesitas.

1º de octubre (adoración, la capilla)

Esta vez estoy sola por completo en este lugar privilegiado. Él empieza.

–Ya ves. No tienes nada qué temer. Antes temías que esta media hora de adoración fuera demasiado larga. Ahora sabes lo rápido que pasa el tiempo conmigo.

–Te ruego me disculpes, Señor. Tienes razón. Encuentro la paz cuando estoy contigo, y cuando me hablas, me vuelves a dar ánimos. Me das una solidez invisible.

La sonrisa del Señor está llena de ternura, o quizá un pequeño toque de fatiga.

–¿Son mi cabeza o mi corazón demasiado impenetrables, Señor?

–No, en realidad no. Pero eres un poco negligente.

–¡¡¿A qué te refieres?!!

–Te resfrías, y ahora tienes también gripa, porque te olvidas de abrigarte. Vas de un lado al otro sin pensar en lo que estás vistiendo.

–¿Quieres decir que me olvido de abrigarme contigo?

–Sí. Soy como un abrigo. Tómate el tiempo *para vestirte con el abrigo, para ponértelo sobre ti.*

–¿Por qué?

–Para que pueda protegerte y también para actuar en ti y alrededor de ti.

2 de octubre (adoración)

Después de media hora con Jesús en la capilla, regreso a la noche, mortalmente cansada. El día estuvo lleno en forma terrible. En casa, suena el timbre. Es Jean-Yves, un ex Compañero, borracho, dando risotadas. Me grita. Hay odio en su voz, algo diabólico y la forma en que me mira. Trato de mantenerme serena, pero el corazón se detiene. Cuando Philippe viene a casa, lo serena con tranquilidad. Jean-Yves baja la cabeza, pide disculpas y se va.

Los niños estaban presentes. Hablamos sobre el asunto a la mesa. Laurette dice:

–Yo sé por qué insultó a mamá. Yo también me pongo así. Cuando estoy avergonzada de mí misma, le grito a mamá.

¡Y Laurette sólo tiene once años! Hablamos acerca de los pobres, de Dios y de la religión.

Thierry, quien tiene dieciséis años:

–Lo que haces por los Compañeros es bueno, pero es inútil.

–¿Inútil?

–Sí, inútil. Y es por eso que debes seguir haciéndolo.

Benoît añade:

–No es a Jean-Yves a quien estás salvando; te estás salvando a ti misma.

Ya no siento frío en el corazón. Justo al contrario. Ellos me restauraron mi paz.

3 de octubre (misa en la capilla)

Somos tres personas. El Señor viene y se sienta con nosotros. Él en verdad está sentado, como nosotros, pero quizá con un poco más de compostura.

–Te siento tan increíblemente presente y cercano a nosotros, cercano a mí, Señor.

–Estoy aquí para rezar al Padre con ustedes y como ustedes.

–Tú, al mismo tiempo, eres increíblemente real y ligero.

–No hagas ningún plan o proyecto. Déjame hacer las cosas y actuar por ti. Yo soy quien dirige a esta Comunidad.

4 de octubre (misa en la capilla)

–No sueñes acerca de lo imposible. Haz lo que es posible.

Esta palabra del Señor conmueve a un amigo que vino a misa y a quien Pierre, apenas unos momentos antes, le dijo casi lo mismo.

5 de octubre

En Essone, para una reunión de la diócesis de Secours Catholique.

Pierre y yo pedimos venir y hablar acerca de los Compañeros.

Me encanta tener de nuevo un público, y esta vez no trato de que amen al idioma, sino a Jesús. De cierto modo, es más fácil. Tengo un esquema general en mi mente, que Philippe me preparó, para que no vagara en todas direcciones, y con ello trato de hablar de modo calmado y simple acerca de nuestra vida con los Compañeros. Fluye con facilidad, y después muchas personas vienen a hacerme preguntas y, sobre todo, a decirme que sintieron mi fe en el Dios hombre que nos inspira.

Una vocecilla me dice:

–Haré de ti una reina. Justo como te lo dije.

Un anciano, que es un poco intimidante, viene a agradecerme. Me dice que se lleva consigo un solo pensamiento de todo este día. Le pregunto cuál es. Busca entre sus papeles y lee. Alguien nos preguntó cuáles fueron nuestros logros durante los últimos cuatro años, y yo respondí:

"Si quieren un número, digan que quizá logramos 'reestructurar' a un diez por ciento de los hombres. Cualquier eficacia que tengamos o resultados que hayamos logrado pertenecen al reino invisible."

Me siento orgullosa y feliz de haber trasmitido el mensaje. No envanecida, sino orgullosa de haber sido un buen instrumento, una buena sirviente, en ese día.

Casi lo olvido... Otro caballero vino corriendo a mí justo cuando estaba saliendo, y me exigió saber dónde estaba mi marido.

–No está aquí.

–Qué lástima.

–¿Por qué dice eso?

–Me hubiera encantado conocer a este hombre. Debe ser un santo.

Un poco aturdida, le pregunto:

–¿Por qué piensa eso?

–Pues, usted debe pasar de seis a ocho horas diarias con los Compañeros. Pero usted nos dice que sus hijos están bien. De modo que su marido debe ser un santo.

¿Cherchez la femme? De ningún modo. *Cherchez le roi*, "busquen al rey". ¡Él entrará al reino antes que yo!

13 de octubre (misa en la capilla)

Pierre concelebra con Jean-Marc, el abad de Tamié. La congregación soy sólo yo. Desde el principio hay una sensación de armonía. El Señor está de pie, sonriendo, regocijándose de su complicidad en el acto de dar alabanza.

—Ven. Pregunta. Soy un tesoro inagotable. Excava no sólo con tus manos, sino hundiendo hasta tus codos.

Pierre le pregunta al Señor por qué tan pocos Compañeros lo conocen.

—No se preocupen por eso. Yo estoy entre ellos.

15 de octubre (misa en la capilla)

Jean-Claude, Anne Marie y dos Compañeros.

No cerramos el círculo. El Señor viene y ocupa el espacio vacío, ¡sentándose en el piso!

—¿Por qué estás sentado en el suelo?

—Yo soy la unión. He venido a unir. Me coloco donde hay espacio. Dejen para mí un espacio en sus corazones. Yo me pongo donde ustedes me necesitan, donde hay división y dolor. Hagan espacio para mí.

16 de octubre (en el coche con Laurette)

Nos sentimos muy unidas.

Laurette:

—Mamá, ayer fui a misa con papá al Carmel, y me di cuenta de lo mucho que me gusta ir con él. Pero no estoy muy segura de tener fe.

—¿Por qué dices eso?

—¿Qué pasaría si los amigos de Jesús, los apóstoles, estuvieran equivocados? ¿Qué tal si Jesús nunca existió?

—Pero él existió. Haz que la puerta de tu corazón quede abierta a él. Luego él podrá entrar y vivir en tu casa.

—Ya sé de qué estás hablando. Papá y tú tienen mucha influencia sobre mí. Voy a misa porque ustedes van, pero no es lo mismo para mí.

—¿Qué quieres decir?

—Cuando ustedes rezan, puedo ver que en verdad creen que existe.

Misa en la Ermita

Estoy inundada de un profundo mareo. Me gustaría acostarme. Me siento tan en paz. Hice todo lo posible para no acostarme sobre la alfombra.

–Gracias. Gracias.

–Éste es el círculo de mi gloria. Muchos ya han entrado a él. Tú eres una parte de él. Sé feliz y gozosa.

Un poco después le digo:

–Es difícil llevar a otros ante ti. Es una labor muy difícil.

–Debe ser como la levadura en la masa. Sé pequeña. No te preocupes si la masa sube o no.

17 de octubre (misa en la capilla)

–No temas. Yo te llevaré a la otra orilla. Estás en mar abierto. Ya no puedes ver la costa de la que saliste, ni tampoco puedes ver a la que te estoy llevando.

–Estamos en mar abierto, Señor. A veces me siento mareada.

–No temas. Yo estoy en el timón de la barca.

18 de octubre (adoración)

Me es difícil olvidar las cosas mundanas. Aún pesan sobre mí ideas tontas y "mundanas". Se lo digo.

–Señor, me es difícil seguir hoy.

Y después:

–Todo lo que hacemos por los pobres, y que tú nos has dado, para los Compañeros, los hace un poco menos pobres. Pero cuando hacemos eso, nos enriqueces un poco más de ti. ¿Es eso?

–Sí.

Octubre (misa en la capilla)

Es el aniversario de la muerte de mi amiga Françoise.

Jesús está frente a nosotros con Françoise. La cabeza de Françoise está un poco inclinada. Ambos sonríen.

Estoy asombrada.

–¿Por qué estás haciendo esto, Señor?

–Para que tú creas. ¿Crees que ella está realmente viva?

–Sí.

Mi "sí" es un poco tímido.

–Cree.

Posteriormente me dice:

–Mírala. Recuerda. Respondí a tu plegaria.

Y es verdad.

–Señor, al menos estamos en el camino correcto. Creemos en ti.

–Sí, así es. Pero aún pueden hacer más.

Justo como el maestro acostumbraba escribir en nuestras tareas: "Puede mejorar".

Dos días antes de su fallecimiento, Françoise me preguntó si ella iba a morir. Cuando le dije que sí, usó un dedo escuálido para escribir en el aire: "Es difícil". Y cuando ella añadió: "Tú eres muy fuerte", le repliqué: "Estamos hablando de tu muerte, Françoise, no de la mía". En cierto sentido, la muerte de otros es siempre más fácil de afrontar.

Ambas lloramos, y luego ambas rezamos juntas, y cuando parecía que ella estaba un poco más calmada, le pedí dos cosas. Fue como una súplica que venía de las profundidades de mi ser.

Françoise, te confío a mi familia y también a la Comunidad (la Comunidad de los Compañeros, y que ya es tan difícil de manejar). Llévatelos contigo. Yo te los doy. No los olvides.

Ella asintió dos veces.

Sí, Señor. Yo sé que tú te encargaste de todo esto, que tú respondiste a mis plegarias, aun cuando no hice nada para merecerlo. Una por una, las dificultades que la Comunidad enfrentaba fueron resueltas. La persona que quería tomar la dirección de la Comunidad se arrepintió y dejó de atacarnos. Los voluntarios y el personal con sueldo que se unieron para resolver sus propios problemas se fueron. Quienes tenían ansia de poder, celos y segundas intenciones siguieron su propio camino. Y justo cuando estaba al borde de darme por vencida, habiendo perdido unos ocho kilos, Pierre llegó a la escena. Ese mismo día supe que estábamos salvados. Lo supe desde la profundidad de mi ser cuando Pierre decidió, justo después de volver, mantener tu verdadera presencia aquí. Me sentí convencida de que los tiempos más difíciles ya habían quedado atrás. Los amigos críticos y escépticos, cuyos comentarios eran a veces muy dolorosos, cesaron sus ataques porque nos hicimos "creíbles" a ojos de la ciudad.

Ya no tuve necesidad de oír más cosas como: "¿Quién está cuidando de tus hijos?" y "No te olvides de cuidarte tú misma", "No exageres en el trabajo", "No trates de fingir que tú también eres pobre..."

Aún hay algunos que no entienden y están esperando que yo regrese a dar clases o conferencias. Se necesitó de la presencia del obispo de Chartres y de la esposa del gobernador del Departamento de Eure-et-Loire en nuestra junta de consejo anual, junto con los miembros del consejo departamental tanto de la derecha como de la izquierda del espectro político, para hacer que nosotros (¿o era sólo yo?) sintiéramos que por fin llegamos. Sí, Señor, todo esto es verdad. Tú estabas con nosotros. Sí, yo creo.

Ahora el Señor parece pedirme, pedirnos, que este momento no sea sólo un momento, sino que *dure.*

23 de octubre

Mientras camino hacia la Comunidad hablamos entre nosotros.

–Señor, lo que estamos haciendo por los pobres no es más que una brizna. A veces lo único que obtenemos es poco más que una sonrisa o un saludo. Eso no es mucho.

–*No lo entiendes.*

–¿A qué te refieres?

–*Debes ser intensa y ligera.*

–¿Intensa?

–*Intensa en mi relación contigo. Vívela intensamente. Pero también debes ser ligera, porque no eres tú quien hace estas cosas; soy yo.*

Por la noche, en la misa en la Ermita, el Señor viene y me toma en sus brazos. Es como si estuviera envuelta en una gruesa capa de ternura. Me siento inundada de paz, un sentido de presencia y de amor puro.

–¿Por qué todo esto, Señor?

–*Para que nunca te alejes de mí o permitas que alguien te aleje.*

Ayer manejé con un amigo a un funeral, y durante casi cinco horas hablamos acerca de Jesús y de la muerte. Él perdió a su esposa hace dos años y aún se rebela a eso. Trato de describirle mi experiencia, pero es difícil. Su angustia, su honestidad y su rebelión me conmueven y me dejan incapacitada y un poco herida.

Ahora parece que el Señor me quiere recordar que no depende de mí convertir a los demás. Debo quedarme pequeña, a veces muda, pero seguir estando presente ante el sufrimiento de los demás. Si Jesús quiere que la masa se suba, él lo hará a su propio modo.

24 de octubre (misa con los Compañeros)

Habemos varios de nosotros. El Señor viene y se sienta junto a nosotros. Su túnica blanca se extiende hasta sus pies. Estoy intrigada por su larga túnica o abrigo. Se lo digo.

—¿Por qué vistes eso?

Y como ocurre con tanta frecuencia, su réplica viene después de la Consagración.

—Nicole, ¿ves cómo esta holgada prenda que visto me queda bien? Es muy amplia. Yo los abrigaré con esta prenda. Cuando se muevan, cuando caminen, lo sentirán dentro de ustedes, frotándose contra sus extremidades.

—¿Qué es lo que nos quieres decir?

—Que me muevo por todas partes y que estoy vivo. Ustedes me visten y yo estoy con ustedes.

6

Estoy vivo

27 de octubre de 1985 (misa en Batz-sur-mer en la costa sur de Bretaña)

Vacaciones, sólo para mí y cinco niños. El mar está calmo. Nuestra casa junto al mar está bañada de luz. Los niños están felices y calmados.

La iglesia a la que vamos a misa es fea, pero está llena. La celebración es muy viva, y los niños son insufriblemente adorables cuando hacen caras y comentan lo que ocurre. Estoy feliz de estar con ellos.

De la bóveda de la nave penden redes de pesca. Un gran crucifijo domina a la iglesia. Le hablo:

–Señor, ¿por qué son tan pocas las personas que te aceptan, tan pocos los que aprovechan la abundante vida que nos ofreces? Todos ellos. ¿Por qué no van a ti?

–Yo estoy vivo, Nicole. No soy una idea abstracta o un sistema, sino una persona viviente. Para que se me conozca y se viva conmigo, se me debe elegir y desear.

–¿Es un poco como elegir a un compañero de viaje?

–Sí. Para conocer mi luz, se debe entrar en una relación conmigo. Se necesita de dos.

29 de octubre (Batz-sur-mer)

Una lectura del Evangelio según San Juan 13:17.

Al leer estas palabras y vivir esos momentos con Jesús, siento que soy "una más de la familia". Es difícil escribir esto a menos que parezca vana o demasiado orgullosa. De hecho, es infinitamente más simple: sé que soy una de la familia, uno de sus amigos. Yo creo que él tuvo que morir para que yo recibiera al Espíritu Santo de modo que él pudiera vivir en mí. Entiendo, no sólo en forma intelectual sino con todo mi ser que él tuvo que morir. Me parece absolutamente claro. Sí, creo en este hombre.

Dejo a los niños durante unos cuantos minutos mientras ellos juegan sobre las rocas y regreso a reunirme con él en la iglesia de Batz. Llena con el recuerdo de los momentos que acabo de revivir, me permito sumergirme en él durante un momento.

Luego hablamos entre nosotros.

–Señor, sé que soy tuya, pero aún siento algo de temor.

Él sabe que siento temor, y él sabe por qué. Aún así, se lo digo.

–Habrá persecuciones. Tú me lo dijiste. Tú nos lo dijiste a todos. Tú también sabes, Señor, que necesito estar "con el mundo". Desde que comencé a seguirte más de cerca, en especial en compañía de la Comunidad, sabes que a veces hay una especie de separación entre yo, "renacida en ti", y otras personas. Me espanta un poco.

–No temas. Ésos no son más que pequeños raspones.

La palabra *raspones* regresa a mí con mucha intensidad. Me aferro a ella, aunque no la comprenda bien.

Al salir de la iglesia, Jesús me lo explica con paciencia.

–Cuando eras niña, tomaste la mano de tu papá, ¿lo recuerdas?. Te encantaba hacerlo. Él te reconfortaba, pero aun así sentías un poco de temor.

–Sí, lo recuerdo. De hecho, recuerdo algo muy específico. Una vez, cuando vivíamos en Austria, mi papá mató a un cuervo, o algo que parecía un cuervo, y me hizo recogerlo para demostrarme que esta horrible bestia era inofensiva. Tuve miedo de recogerlo y por eso no le solté la mano.

–Tu padre te soltó la mano. Eso es normal. Pero ahora yo te sostengo la mano, tal como lo hizo tu padre.

–Señor, sabes que quiero mostrarle mi cuaderno. Desde hace un tiempo que quiero hacerlo. Tú también sabes por qué. ¿Puedo?

–Sí, puedes.

Nuevamente sollozo, con suavidad y sin tristeza.

Viernes (misa de la Fiesta de Todos los Santos, Batz-sur-mer)

En la iglesia hay mucha gente y muchos cantos. Casi demasiados. Se interponen en el camino. Es difícil reunirse con él cuando no hay paz y silencio.

Su rostro asoma sobre mí. Grande, enorme. Ocupa todo el espacio entre el suelo y el techo de la nave.

–¿Por qué me muestras tu rostro? ¿Y por qué es tan grande?

Después de la Consagración, responde:

–Porque estoy vivo. Tengo un rostro, Nicole, y como todos los rostros, está animado, es expresivo; vive.

–Quieres decir que sonríes, lloras, estás triste...

–Sí. Estoy vivo.

4 de noviembre (la capilla de los Compañeros)

Otro planeta. Estoy de vuelta en la Comunidad. Todo pasa a ciento cincuenta kilómetros por hora. No es fácil mantener el ritmo. Trato de hacerlo. Tenemos un nuevo director que antes estaba en un orfanatorio en Auteuil. El Señor mantiene su promesa: haré que la Comunidad crezca. Eso es lo que está haciendo. Siento felicidad en mi corazón, aun cuando las cosas están ocurriendo tan rápido con los Compañeros, que no puedo mantener el ritmo.

En la misa, veo la imagen de un hombre que está de pie y cargado de fardos.

–Están en todo el lugar. Ya lo ves, Señor. Es difícil cargar con tanto.

–Sí. Es difícil si piensas que eres el único que los está cargando. Debes creer que yo también cargo, ayudándote a cargar. Yo cargo con las cosas más pesadas. Yo te ayudo.

5 de noviembre (misa en la capilla)

Somos muchos. Algunos Compañeros están frente a mí. Se sientan ahí, agachados, con sus manos lodosas y que no huelen exactamente a Chanel No. 5. A los que se asignó leer las lecciones tropiezan entre ellos. Mi corazón se conmueve al ver tanta pobreza, y sin embargo no puedo evitar el preguntarle:

—¿Son ellos en verdad la gente que prefieres? ¿Por qué es así?

—Ellos no han construido ninguna fortaleza, ninguna barricada, alrededor de ellos. No usaron su inteligencia para construir un sistema contra mí.

Al caminar hacia la Comunidad, reflexiono sobre algunas frases del Evangelio:

—Señor, es extraño que nos digas todo esto a nosotros. Yo creo que todo, la amistad, el amor, se basa en la mutualidad. No estoy hablando acerca de dar para recibir algo de vuelta, pero aun así, no puedes únicamente dar o únicamente recibir.

—Tienes razón, Nicole. Cuando das a un pobre que es incapaz de devolvértelo, yo te lo devolveré, porque es a mí a quien le diste.

7 de noviembre (misa en la Comunidad)

Somos varios. Compañeros y algunos amigos. El Señor viene a decirnos:

—No teman. En su miopía, se dejan abrumar por todo lo que deben hacer, por sus preocupaciones y problemas, por el mañana y el ayer. No teman. Tienen que ir más allá de eso. Puedo ver más allá que ustedes. Yo sé.

Desde el inicio de la misa, Jesús, quien está sentado junto a mí, me tiene junto a su corazón. Me siento bien al recargarme sobre él, pero al mismo tiempo triste porque me sentí abrumada por todas las responsabilidades en casa, y en otras partes, y por el hecho de que Pierre se irá pronto para predicar en un albergue. Sin él cerca, es difícil arreglárnoslas, pero me siento feliz de que él hará lo que realmente le gusta, en especial hablar de su relación con el Jesús que él sigue:

—Y es por eso que me tienes tan cerca de ti, Señor. Tú sabes todo esto.

—Sí, lo sé. No temas. Estoy vivo. Quiero que lo sientas, es por eso que te tengo tan cerca de mí.

10 de noviembre (la capilla)

Jesús se arrodilla y sostiene mi rostro en sus manos.

—¿Por qué estás haciendo esto, Señor?

—*Quiero que sientas que estoy vivo. Dame el regalo de creer que estoy vivo, que te protegeré y que iré adelante de ti.*

Mañana Pierre se irá y me dejará a merced de esta doble Comunidad, la Ermita y el centro en el pueblo. Ya sé que no será fácil.

12 de noviembre (la Comunidad)

Tal y como lo esperaba, apenas se fue Pierre y dejó una tormenta tras de sí y un gran vacío.

La tormenta estalla con la rivalidad entre dos miembros del personal. Se abren las puertas del infierno. Nos reunimos los tres y ponemos las cartas sobre la mesa. Yo escucho. Uno está enojado, el otro herido. Dentro de mí estoy calmada. Intervengo muy poco, pero lo hago con firmeza. Les recuerdo que estamos ahí para trabajar juntos. La tormenta cede. Uno de ellos pide perdón al otro. Mi corazón brinca de alegría. Unos minutos después, comulgamos juntos algunos Compañeros. ¡No puedo sobreponerme a la sensación de paz! Fue un verdadero regalo. Las manos que sostuvieron mi rostro eran en verdad suyas.

13 de noviembre (en el pueblo)

Hoy es miércoles, y eso significa que mi pequeña familia puede monopolizar a su madre. No hay nada fuera de lo común en ello. Una corta visita de un amigo que pertenece a una Iglesia Ortodoxa. Su inteligencia y, sobre todo, su espiritualidad, traen un cálido resplandor a la casa y a algunos de nuestros huéspedes. Y luego debo correr a los Compañeros. Cuando llego, me quedo sin aliento. Uno de los Compañeros está ahí.

—Te estábamos esperando. ¿Dirás misa?

—No, Jean-Pierre.

Le explico que lo que tuvimos ayer fue un servicio de Comunión y que hoy y a partir de ahora, mientras Pierre esté lejos, tendremos un periodo de media hora de adoración.

—No hay problema —dice—. Me da lo mismo.

Y así, nosotros cuatro nos quedamos ahí, tres Compañeros y yo, ante el Señor, en silencio. El silencio era real. ¡Qué regalo! Agradezco al Señor.

—*Haré de ti una reina* —replica.

Y unos momentos después:

—*Tómame en ti. Déjame llenar todo el espacio que hay dentro de ti.*

Sus manos tocan mi rostro. Desde luego que digo que sí. ¿Cómo podría negarme?

—Tú no mereces nada de esto, Señor. Me siento por completo satisfecha, y aun así sorprendida. ¿Qué es lo que quieres hacer en mí?

—*Quiero expandirme en ti.*

—¿Y yo? ¿Qué debo hacer?

—*Entra en ti para preguntarme qué es lo que debes hacer. Pregúntame dentro de ti. No actúes, no reflexiones desde el exterior. Entra en ti para preguntarme.*

¡El Señor es increíble!

Esta noche le pedí que mandara unos trabajadores a la cosecha, para aumentar nuestra Comunidad y establecerla en la ciudad.

—Hay mucha miseria en las calles. Por favor haz algo, Señor.

14 de noviembre (la capilla, adoración)

—*Estoy aquí. Déjame trabajar a través de ti.*

—¿Qué quieres decir?

—*Dentro de esta Comunidad y para esta Comunidad, actúa y vive como si esperaras todo de mí. No planees nada, excepto lo que depende de ti.*

—Pero, Señor, tenemos aquí algunas situaciones que no son muy fáciles de manejar. Lo sabes mejor que yo.

—*Te responderé, te diré lo que debes decir en el momento preciso. No te preocupes de nada.*

15 de noviembre (la capilla)

Un día atareado, pero pacífico. En la Ermita, todo el grupo está trabajando. Se nos da una cálida bienvenida a Florent, el nuevo director asociado y a mí. El trabajo avanza muy bien. Agradezco al Señor por todos estos rostros sonrientes y por todas las propuestas de las que hablamos.

Pierre no está aquí esta noche. Todos los viernes les habla acerca de este hombre "Jesús". Tengo que tomar su lugar. Arrodillada en la capilla, le cuento al Señor de mis temores.

Soy demasiado intelectual para ellos, Señor. Ayúdame a "hablarles" de ti.

Abro la Biblia, y el pasaje que se me da es uno acerca de María Magdalena con el jardinero frente a la roca que fue movida. Hablé. Fue relativamente fácil. Me siento como María Magdalena, sorprendida de tal amor, tal sensibilidad y ternura.

Unos minutos después, estoy en la capilla durante un periodo de adoración.

–Haré que esta Comunidad crezca. No me preguntes dónde, cuándo o cómo. Lo haré.

–¿Y qué conmigo, Señor? ¿Qué debo hacer?

–Tú debes dejarme trabajar a través de ti. Y lo haré.

Domingo, 17 de noviembre (misa en el Carmel)

Le hablo antes de ir a misa, y al iniciarse la misa.

–Señor, una de mis parientes es ruda y beligerante. La está pasando mal, Señor. Y los veintiúnmil que murieron en la erupción del volcán en Colombia. Es espantoso, Señor.

–Sí, lo sé.

–Dime algo. Háblame.

–Si tu pariente se siente deprimida, y ocurre una catástrofe en el otro extremo del mundo, no hay nada que puedas hacer. Está más allá de ti. No puedes hacer nada con eso. Déjalo ser.

–Pero si lo dejo ser, eso significa que estoy huyendo de ello. Es como decir que, como no es mi culpa, puedo olvidarme de ello.

–No, no estás huyendo. Estás siendo como yo. Compartes el sufrimiento y rezas.

–Lo siento, pero eso a mí me suena como huir.

–No. Haz lo que depende de ti.

–¿Y eso qué significa?

—*Reza y ampárame.*

—¿Quieres ampararte en mí?

—*Sí, quiero estar contigo, vivir en ti.*

—¿Por qué?

—*Para hacer lo que tú no puedes hacer por ti misma. Yo lo haré. Yo soy el único que puede hacerlo.*

Sí, comprendo lo que el Señor quiere decirme. Él hará lo que yo no puedo hacer, siempre y cuando le dé espacio.

—Creo que entiendo lo que me quieres decir. Pero ¿por qué quieres venir y quedarte conmigo? No siempre está muy agradable ahí. En realidad estoy sorprendida de que me elijas como un lugar para hacer el trabajo y construir tu reino.

—*Pero ¿por qué no, Nicole? Después de todo, yo nací en un establo.*

Amén, Señor. Y aun cuando por lo general soy tan susceptible, no me molesta saber que soy un hotel de cinco estrellas. Entra. Proclamaré tus maravillas.

Lunes, 18 de noviembre (adoración en la capilla)

Somos cinco: Florent, nuestro nuevo director asociado y tres Compañeros. Jesús está aquí.

—Gracias, Señor, por todo lo que estás dando a esta Comunidad. Me maravilla un poco que Florent y los Compañeros estén aquí.

—*¿No te lo dije? ¿No te lo prometí? Haré aún más. Déjame caminar adelante de ti. No temas. Te daré más.*

—Gracias, Señor. Es verdad que ahora te estoy poniendo en el lado derecho. ¿En realidad te estoy vistiendo correctamente?

—*Sí.*

—¿Y quieres que estas ropas me mantengan en calor para que en verdad te sienta?

—*Sí.*

—¿Y es por eso que me mimas tanto?

—*Sí.*

Martes, 19 de noviembre

Un día atareado en casa y mucha actividad en la Comunidad. Dos delincuentes aparecen y me es difícil mantener la calma. Un servicio de Eucaristía por la tarde en la capilla. Hemos estado usando una cabaña de construcción como capilla, pero ahora la necesitamos para alojar a dos hombres. Con delicadeza cambiamos al Santo Sacramento (el Señor) a una cabaña más pequeña. Sólo se limpió la mitad de la cabaña. Lo seguimos y lo colocamos en la parte limpia. Nuestra acción de compartir es impresionante. Uno de los Compañeros nos habla de su sufrimiento. Es muy conmovedor. El Señor nos habla.

–*Sean en verdad muy unidos. Yo soy el lazo entre ustedes. Hermanos y hermanas. No teman.*

Por la tarde, plegarias con las hermanas del Bon Secours. Somos diez, incluyendo un sacerdote. El Señor habla mucho y también me usa mucho. Antes temía dirigir las plegarias en presencia de todos estos "profesionales", pero ahora no sólo me siento confiada sino también serena.

20 de noviembre (en la capilla más bien atiborrada de los Compañeros)

Somos cinco.

–*Yo aumentaré esta Comunidad. Seguiré actuando. No temas.*

–Creo en ti, Señor, y ni siquiera estoy preocupada de saber dónde, cuándo ni con quién. Sólo creo que lo harás. Trataré de dejarte el mayor lugar.

–*Sí. Trabajas bien. No te preocupes. Lo haré contigo.*

–¿Cosas más grandes de las que podría hacer sola? ¿Es así?

–*Sí.*

–Sé por qué, Señor. Porque soy dos. Somos dos que trabajan para tu reino. Haz pasado por la muerte, Señor, por lo que cualquiera que cree en ti puede ser dos.

–*Sí.*

21 de noviembre (la capilla)

Veo su rostro. Es el mismo rostro que en el manto sagrado.

–Tu muerte debió ser espantosa, Señor: tanta aflicción, tanta angustia.

–*Sí.*

–Aun estando con tu Padre que tanto te amó y a quien amaste, fue horrible.

–*Sí, pero debió ser así. Y ahora tú también sabes que tienes que pasar por la muerte con el fin de encontrar la esperanza. Tuve que darte esa esperanza.*

–Sí, Jesús. En realidad es una cruz. Pero ahora puedes actuar en nosotros y con nosotros, porque fuiste victorioso de una vez por todas.

–*Sí.*

–Pero cómo desfiguraron tu cruz y tu mensaje, Señor.

–*Sí.*

22 de noviembre (adoración)

–*No temas. Lo haré por ti, para todos ustedes, para esta Comunidad.*

Me siento reconfortada cuando él toca mi rostro con sus manos.

23 de noviembre (adoración)

Fue un día difícil. Uno de los Compañeros que acostumbraba rezar en forma regular con nosotros, comenzó otra vez a beber y ahora es miserable y agresivo.

Es difícil. Para mí, su angustia es más dolorosa que su hostilidad. Nuestro futuro director asociado está presente, cerca de nosotros. Permite que lo golpeen y no dice nada. El Compañero sale. Yo lloro.

–Es tan miserable, Señor.

–*Sí, lo sé.*

–Háblame.

–*Sabes cómo me siento cada vez que me vuelven la espalda y me rechazan. Ya lo sabes. Su angustia es la misma que la mía. Soy parte de ello, Nicole.*

—Señor, me obligas a mirar en mí, en mis fracasos, cuando yo vuelvo la espalda, y ahora me dices que estás listo para volverme a tomar en tus brazos. ¿Es verdad?

—Sí.

24 de noviembre (compartiendo en la Ermita)

Dos miembros del personal, cuatro Compañeros. Divido la hostia. Jesús está aquí, minúsculo pero viviente.

—Dime, Señor, ¿cuál es la relación entre la aflicción humana y tu propio amor? ¿Qué tan lejos están?

—Te llevaré de un piso al otro. No te quedes en la planta baja. No te conformes con un punto de vista corto de miras. La casa que te doy para vivir tiene muchos pisos. No te satisfagas con el sótano.

—¿Tu me mostrarás los demás niveles?

—Sí.

28 de noviembre (misa en la capilla)

Pierre ha vuelto. Con él presente, puedo manejar todo con los Compañeros. La carga es infinitamente más ligera. Hay una canción en mi corazón, y la tristeza de los últimos tres días abre camino a la felicidad.

—Estoy feliz, Jesús.

—Sí, lo sé. Lo comparto.

—Tú realmente estás vivo.

—Sí. Ayer tú y yo compartimos nuestra pena. Hoy me alegro contigo.

Y luego, después de rezar:

—No me presiones. Yo me encargaré de eso. Yo haré más grande la Comunidad. No temas.

La Ermita (la capilla)

Después de la Consagración:

—¿Dónde vivo en esta casa de la que has hablado, Señor?

—Vives en el primer piso. Pero en realidad vives en el edificio. Tienes cosas qué hacer. Hazlas bien.

—¿Te refieres a mis tareas diarias, las molestias, las decisiones, las llamadas por teléfono, proyectos?

—Sí. Hazlas bien.

—¿Quiénes viven en el segundo piso?

—Aquellos que oyes caminar sobre ti, a veces sobre tu corazón. Aquellos que te oprimen se interponen en tu camino de vez en cuando.

—¿Qué debo hacer con ellos?

—Escucharlos, Nicole. Escuchar los sonidos que hacen. No te aísles de ellos.

—¿Qué quieres decir con eso?

—No tienes que cambiarte con ellos, o vivir con ellos. Vive en tu propio piso, pero escucha los sonidos que hacen. No los olvides.

Misa con mi familia, Saint Aignan

—Señor, tengo que amar y ayudar a todos aquellos que viven sobre mí. Ambos tenemos que escucharlos.

—Sí.

—Pero sin querer hacer todo por ellos, o vivir con ellos, ¿verdad?

—Sí.

—¿Y sobre ellos, Jesús? ¿Quién vive sobre ellos?

—Aquellos a quienes tengo en reserva para ayudarte, amarte, guiarte.

—¿Los conozco?

—No, no a todos. Pero los conozco y los estoy preparando para ti, para los demás y para la Comunidad.

De hecho, el Señor siempre me dio manos y corazones cuando las cosas se hicieron muy difíciles, cuando tuve que emprender una nueva aventura o para sobreponer dificultades. Gracias.

Misa en la reunión regional de graduados de la Academia Militar de Saint Cyr

Somos veinte personas. Rezamos por todos los que murieron y por cuyo recuerdo nos reunimos hoy.

Después de la Consagración:

—¿Quién vive en el último piso?

—Las multitudes que ya están conmigo y que están listas para ayudarte.

Los padres de Philippe, Françoise, Jean-Luc y tantos otros. Los llamo.

–No están tan lejos. Están entre los vivos, Nicole. Debes creer eso.

Poco después:

–No vamos a ti por cuenta nuestra, Señor. Debemos ir a ti con todo el edificio, con todos sus pisos.

–Sí.

3 de diciembre (misa en la capilla)

Un maravilloso respiro con el Señor después de un día extenuante. Compras y limpieza en la mañana, almuerzo con un amigo que sufre de depresión, conferencias mensuales en cada uno de los Compañeros.

Me siento animada por esta paz que me lleva al Señor.

–Gracias, Señor. Siempre me sorprendo de que me elegiste para venir y vivir en mí.

–Haz un buen trabajo para que la paja esté lista para mí. Es todo lo que necesito. Algo que sea simple. No me des la bienvenida con demasiadas decoraciones y adornos. Sólo con tu corazón.

7

No temas

6 de diciembre, 1985 (Catedral de San Juan, Lyons)

La catedral está llena de niños y sacerdotes maristas que se han reunido para una celebración marista tradicional. Me siento un poco fuera de lugar en esta comunidad. Desde el inicio de la celebración se impone un tono simple y de plegarias. El Evangelio del Ángel que le dice a María que será madre hace que mi corazón dé un vuelco. Casi cada palabra me afecta como si yo fuera María y como si el ángel me hablara a mí. Trato de recuperar la compostura, pero no lo logro. Me siento como si me hundiera, ahogándome. No voy a pretender que soy la Virgen María. ¿Es que me estoy volviendo loca? La experiencia es tan fuerte que soy incapaz de contener las lágrimas.

Y entonces María viene a mí. Está vestida de azul, acompañada de su Hijo. Ella lo señala y humildemente me dice:

—Él te necesita. Mi Hijo necesita de ti.

Esto es demasiado para mí. Siento que me desplomo y, dentro de mi pánico, le pido a Jesús:

—Háblame. Dame una señal. Demuéstrame que no estoy soñando, que no me estoy volviendo loca.

El sacerdote se pone de pie para dar el sermón. Él es un hombre simple, todos parecen quererlo, en especial los niños.

—En este momento, el Señor está hablando a sus corazones. Les está pidiendo que lo sigan. Escúchenlo.

Su sermón es un poema de amor, un poema de amor dirigido a Dios.

No estoy loca. Jesús quiere que yo sea su sirviente. Quiere el sí de María. Quiere que yo sea como María.

–Señor, mírame. Mira mis limitaciones, mira lo que me estás pidiendo. Quieres que expandamos la Comunidad, pero somos muy pocos. Es una carga muy pesada para Pierre y para mí. Y sin embargo ¿quieres que nos expandamos?

–Sí.

Un poco después dije que sí. Fue la humilde afirmación de un sirviente. De lo único que estoy segura es de mi buena voluntad.

El decreto, que así sea.

10 de diciembre (la capilla)

Servicio de Comunión. Somos diez en nuestra pequeña capilla. El recinto está lleno de nuestras canciones y plegarias. Jesús está ahí feliz de vernos juntos.

11 de diciembre (la capilla)

Adoración. Los Compañeros y yo en nuestro rincón. La ternura de Jesús nos rodea.

12, 13, 14 y 15 de diciembre

Las cosas suceden rápido. En casa. Con los Compañeros. Los dos planetas en los que vivo son difíciles de manejar. Philippe está exhausto desde hace dos semanas; los niños están ansiosos con la llegada de la Navidad; un amigo me critica con dureza por ser demasiado liberal; tengo que hacerme cargo de la junta anual del consejo... Es demasiado para mí. Hago lo mejor que puedo para vivir en el momento presente. Pero me es muy difícil estar "en verdad" presente en estos dos planetas que son tan distintos uno del otro. Se inicia una tempestad, primero en mí y luego con un amigo. Todo parece querer acabar con mi equilibrio.

Misa en la capilla: un momento de paz.

–El mar es tempestuoso, Nicole. Yo estoy aquí.

—¿Dónde, Señor?

—Mírame. Yo soy la cuerda que tú ves. Debes ser el flotador en el mar.

La imagen es de un mar tempestuoso con un flotador meciéndose hacia arriba y hacia abajo. El flotador soy yo.

—¿Por qué, Señor?

—Así es como te quiero. Quiero que otros te vean.

—¿Y qué será de mí?

—Tú te aferrarás a mí.

—¿Dónde estás tú?

—La cuerda que viene desde el cielo y te asegura el flotador. Aférrate a mí.

La tempestad no cedió. Duró toda una noche de insomnio y de lucha intensa.

A la noche siguiente la calma se volvió a restaurar. Tengo la impresión de que las fuerzas del mal se estaban divirtiendo a mis costillas y utilizándome como un juguete.

—¿Por qué, Señor? Sabes lo mucho que he luchado. ¿Por qué?

—No te estabas aferrando a la cuerda, a mí, con las suficientes fuerzas. Sabías que estaba ahí, pero en realidad no viniste a aferrarte a la cuerda.

Pienso acerca de esto, y él tiene razón.

—Trataré a la próxima vez, Señor. Lo prometo. Pondré todo mi empeño.

Él sonríe.

Estoy agotada por completo. Esta noche dormiré profundamente.

16 de diciembre y después...

Días llenos. Pierre está agotado. Otro ataque de esclerosis múltiple. Oye con un solo oído. Aún tiene una sonrisa y una palabra amable para cualquiera, pero siento lástima por él. Philippe también está agotado. Le hicieron una serie de análisis. Nada serio, pero de vez en cuando se siente cansado. Laurette está enferma, y aunque no es serio, tiene que pasar dos días en cama. En medio de todo esto, yo sigo trabajando, feliz de preparar regalos para la familia y para los Compañeros. Cuidando de mil y un detalles, y estando disponible para todos, me deja por completo exhausta cuando por fin llega la noche. ¡Y aun así, el Señor quiere que nos expandamos!

—Ya sabes todo esto, Señor. ¿Estás seguro de lo que nos dices?

—*Sí.*

—Mira mis limitaciones. Mira lo que me estás pidiendo.

—*Nicole, yo te cargaré. Te cargaré como un bebé en mis brazos. Déjalo ser.*

—¿Y qué con Pierre?

—*Lo tengo junto a mi corazón. No temas. Lo tengo firmemente en mis brazos.*

Al día siguiente en la capilla, misa

—*Ten fe. Todos ustedes tengan fe. Sean como yo.*

—Es difícil.

—*Nicole, yo nací en un establo y morí en una cruz. ¿Qué más quieres? ¿Qué prueba más grande de mi amor necesitas? Nicole, necesito tu confianza. Necesito que seas como un pequeño sirviente. Haré de ti una reina, Nicole. Ya lo estoy haciendo.*

—Es verdad, Señor. Puedo notarlo. Pero ¿en verdad me estás pidiendo que no haga nada? ¿Lo único que quieres es que simplemente nos dejemos llevar por ti?

—*Sí.*

—¿Y qué hay con los demás?

—*Los mirarán a ustedes y al resto, y nos seguirán. Cuando nos vean, Pierre y yo, tú y yo, la Comunidad y yo, ellos vendrán a mí.*

24 de diciembre

Toda clase de compras de último minuto, y con Laurette enferma y en cama. Esta tarde nos reuniremos con mi familia en Rambouillet. Antes de salir, paso por el salón donde Secours Catholique está ofreciendo una comida para más de trescientas personas. Los desposeídos están ahí. Saludamos. Nos conocemos el uno al otro. Al salir, veo la silueta de alguien en la oscuridad que viene hacia la puerta. Me siento incómoda. A último minuto, reconozco a Jean-Yves. Está borracho y hay odio en sus ojos. Me voy; la familia está esperándome. Después, descubro que él se peleó con el director de los Secours Catholique, y que la fuerza demoniaca que hay en él fue tan intensa que se necesitó de cuatro personas para reducirlo. Pierre vino y rezó, y de inmediato Jean-Yves se calmó y comenzó a llorar. Los demonios lo dejaron, al menos por un tiempo.

La navidad con mi familia fue serena y pacífica. En los Compañeros hubo dieciocho para misa, y cuando al día siguiente nos dimos los regalos, había una mirada de ternura en los ojos de esos hombres rotos.

Fin de diciembre, inicio de enero de 1986

Hay tanto por hacer. Por las noches estoy demasiado cansada para escribir. Necesito paz y quietud para escribir lo que él nos dice.

En estos momentos, todo es difícil. La tribu está cansada, en lo último de sus fuerzas. Lo poco de paciencia que tengo, se agota con rapidez por el cuidado que tengo de no molestar a nadie. Temo que no tengo en orden mis prioridades. Me preocupa el futuro de la Comunidad, y se lo digo.

—No temas. Los preparativos para tu fiesta ya fueron ordenados. También puse la mesa.

Veo un inmenso mantel blanco.

—¿Por qué esta imagen?

—Para que en lo profundo de tu ser sientas que ya estoy esperándote. No temas.

Al día siguiente la imagen es más nítida. Mi mesa está puesta y en lo profundo de mi ser siento que Jesús quiere decirme que su reino ya comenzó aquí en la tierra. Que no tengo nada de qué temer.

Al día siguiente me recibe con los brazos abiertos. De ellos parece radiar una luz tan fuerte que es casi cegadora. Me acerco, pero la luz es tan intensa que no puedo entrar en ella por completo.

—Es demasiado pronto. Es demasiado fuerte para ti. Espera. Ya verás.

Al día siguiente ocurre algo increíble. Después de la Consagración una luz se posa en mi rostro. Parece como si estuviera iluminada, bañada en una inmensa suavidad. Y escucho estas increíbles palabras:

—Eres hermosa. Te amo como eres.

Necesito decirlo otra vez: es increíble.

(Por cierto, olvidé decir que alguien de los Compañeros, en quien yo confiaba, se fue con mi coche, mis documentos, etc. Conservo la calma. Ésta no es la primera vez que uno de ellos ha traicionado nuestra confianza, ni tampoco será la última. Siento que este robo es infinitamente más fácil de aceptar que los insultos o el odio de algunos de los otros.)

Y luego, en domingo, un daño de plomería en la casa. La biblioteca se dañó. Mi sala favorita. Se necesita reparar el techo, libros que quedaron arruinados... Lloro un buen rato. ¡Supongo que no estoy tan "desligada" como lo pensaba!

9 de enero (misa con los Compañeros)

Rezamos por todos aquellos que están ausentes, por mi ladrón, por aquellos que nos han dejado. Estamos en paz.

—Después de la Consagración, el Señor nos dice:

—No te alteres. Déjame subir a tu bote. Yo lo navegaré. Déjame subir y no temas de nada.

—El mar es siempre tempestuoso, Señor.

—Sí, pero conmigo en tu barca no tendrás por qué temer de nada. Estaré contigo en la tormenta. Yo te protegeré.

10 de enero

—Aprovecha al máximo el momento que te doy. No vendas barato el presente. Vive con plenitud el aquí y el ahora; yo cuidaré del mañana. No te abrumes con preocupaciones del futuro. Yo actuaré.

Todos estos días de enero han sido difíciles, tan agitados que ni siquiera he podido escribir todas las noches. Primero que nada está Philippe, quien está desgastado y enfermo. Esto sigue así desde hace un mes. Desde principios de enero, siento que se me jala en todas las direcciones en bien de la Comunidad. Siento que soy utilizada por todo y para nada. Es difícil y estoy cansada.

Esta noche mi corazón está en desorden. Philippe está agotado en forma total. Siento angustia por su aspecto hundido. No iré a Argelia para hacer excursiones en la planicie Ahaggar, aun cuando es un respiro que tanto he anhelado. Benoît es un adolescente desarrollado y rechaza a su madre: nada fuera de lo común en esto, pero sin embargo también me es difícil aceptarlo.

Misa en la Ermita. Trato de no llorar, pero ya no puedo soportarlo.

–Señor, estoy de rodillas. Estoy harta. Con seguridad te das cuenta de lo pesada que es mi carga.

–Sí, lo sé.

Y luego, sin hablar, viene hacia mí y me extiende sus brazos.

–No te alteres. Yo sé. Te ayudaré.

Al día siguiente me siento un poco mejor, pero aún me es difícil emprender cualquier cosa.

–Te estoy ayudando a caminar. Estoy junto a ti.

La noche es pura angustia. Philippe obtuvo resultados no concluyentes de su análisis de sangre, y ahora espero dos horas para el veredicto del doctor. Todo lo que puedo hacer es esperar. Minuto a minuto, prosigo con lo que tengo que hacer. Los niños, la sopa, el teléfono... El doctor dice que no hay nada de qué preocuparse, y Laurette estaba sorprendida de lo calmada que yo estaba. Mi corazón me palpita, alocado, pero se me ayudó.

19 de enero (misa con los Compañeros)

–Te tomo de los hombros. Soy tu compañero. En realidad estoy aquí.

–¿Por qué es eso, Señor?

–Lo necesitas. Necesitas sentir mi ternura y mi amor por ti.

Esta noche, durante la misa, su presencia fue tan abrumadora que casi me desmayé.

20 de enero

–Regocíjense de tenerme como su pastor. Sean felices.

21 de enero

–Dime que sí. No un "sí, pero..." sino un "SÍ". Un verdadero sí.

21 de enero

Misa: David y Goliat.

–Sé como David. Lucha con los brazos que te di, con lo que eres. No busques otra protección que la mía. Yo te ayudaré.

23 de enero y después...

El mar es tempestuoso. Philippe necesita hospitalizarse durante un mes. Necesitamos encontrar un lugar en París. Me siento mal por él, y por supuesto estoy preocupada, pero no estoy alterada. Estoy decidida a vivir en el presente, y consigo hacerlo porque en realidad siento que se me ayuda. Duermo en forma normal y hago lo posible por hacer las cosas que deben hacerse. Jesús me acompaña, atento y amable. Lo siento en la Eucaristía, por supuesto, pero también en la calma que siento a pesar de mí misma. Él sabe lo que está haciendo. Y por eso tomo su mano con firmeza.

El veinticinco de enero, después de la Eucaristía, su rostro está junto al mío. Me siento llena de una dulzura y ternura inefables. Su rostro es como un rayo de luz que recorre cada parte de mí, dejándome con una gran paz.

–¿Hay algo que quieras decirme?

–Estoy aquí. Quiero que me sientas. Estoy viviendo en ti, alrededor de ti, a través de ti.

–Gracias.

26 de enero

Después de la Comunión, me siento tan relajada que casi caigo dormida. Tengo que luchar para seguir despierta.

27 de enero

El Señor nos pide que le traigamos regalos, como lo hicieron los tres reyes.

–¿De qué regalos estás hablando, Jesús? No soy rica, ni tampoco la Comunidad.

–Tráiganme lo que ustedes son.

Le doy estos días difíciles, estos ires y venires entre la Comunidad, la casa, la farmacia, el laboratorio... para no hablar de los sempiternos viajes de compras para asegurarme de que la familia tiene comida en la mesa dos veces por día.

Él acepta todo esto. Estoy segura de ello.

28 de enero

–Extiéndete a mi ternura, a mi amor. Te amo. Eso ya se comprende.

30 de enero

–Yo soy un compañero. Camino adelante de ti, pero camino despacio para andar contigo. Sígueme. Yo soy el camino.

2 de febrero

Después de la Consagración, el Señor parece alzar mis dos manos para atraerme a él. Mi rostro está bañado en luz y poder.

–Quiero que sientas mi presencia.

3 de febrero

El Señor nos pide que demos la bienvenida a todas las personas y todas las cosas que ocurren.

–Sigan dando la bienvenida.

4 de febrero

–Mírame. Mira mi rostro. Sé que el camino es pedregoso. No mires hacia tus pies.

8

Sin "Sí, pero..."

5 de febrero, 1986

El primer sepelio. En el hospital. Es pobre y árido: ni siquiera hay una flor. Estamos sepultando al hermano de uno de los Compañeros. Los pobres y los desposeídos están ahí, en total unos quince. También está presente Secours Catholique, Pierre, los Compañeros.

El Señor entra a la iglesia y parece tenernos a todos en sus brazos.

—Sean felices. Ustedes son ricos en mí.

Luego viene el funeral, sin misa, de un bebé de un mes. La madre está desesperada. El dolor que sufren los demás me afecta en lo profundo. Pero el bebé está entre los vivos.

En la Ermita

—No pongan su confianza en ustedes mismos. Pónganla en mí. Me tienen dentro de ustedes como un tesoro enterrado. Confíense a mí. Hagan lo que deban hacer, pero apóyense en mí.

En la Comunidad, Eucaristía

De sus manos abiertas parecen surgir rayos de luz.

—Pongo mi ternura sobre ustedes. Dejen que los inunde.

Es como una gran luz, una dulzura que nos inunda.

—Esta luz no hará desaparecer sus dificultades. No hará que desaparezca la cruz que ustedes cargan. Envuelve todo. Crean en mi ternura.

—Creo en ella, Jesús.

19 de febrero

—¿Dónde estás, Señor?

No hay respuesta.

Unos minutos después siento calidez en mi nuca. Es como un punto brillante centrado en un lugar de mi nuca. Al principio siento sospechas. Froto mi mano sobre este punto. No hay nada ahí, y sin embargo siento su calor hasta el final de la misa.

—¿De qué se trata todo esto?

—*Quiero que me sientas.*

Vacaciones de febrero

Somos doce en el grupo. Al primer día, me rompo la muñeca.

—Creo que tendré mucho tiempo para pasar contigo, Jesús.

Él sonríe.

22 de febrero

Vengo y me arrodillo ante él, con él, en una pequeña capilla en Abriès, mientras que el resto del grupo va a esquiar en los Alpes.

—*Sigue siendo mi pequeña sirviente. Déjame trabajar a través de ti.*

23 de febrero

La pequeña capilla está cerrada. Camino por un sendero nevado. Nos hablamos el uno al otro.

—¿Por qué siempre me dices "pequeña sirviente"?

—*Quiero que cuides de los demás.*

—¿Tú eres el que hará eso en mí?

—*Sí. Deja que ocurra.*

24 de febrero

Por un camino nevado que brilla al sol.

—¿"Pequeña sirviente"? Explícame más de eso.

—*Como María. Sé como ella.*

¡Eso es todo! ¡El Señor tiene muchas esperanzas!

—"Pequeña". La palabra suena positiva. Dime más.

—*Pequeña sirviente reina de mi corazón.*

¡Qué forma de vivir! Las palabras me azoran. Me brotan lágrimas de los ojos. Mañana me lo explicará con más detalles.

25 de febrero

Camino sobre la nieve durante una hora, sola, en silencio. Me explica lo que quiere decir al decirme "reina de mi corazón".

—¿"Pequeña" y "reina de mi corazón"?

—*Eso significa que tú tocarás mi corazón. Seré conmovido por las cosas que me digas.*

—!!!... ¿Podré pedirte absolutamente todo?

—*No, Nicole. Poco. Tú serás como una cinta que trasmitirá poder de una polea a la otra. No serás tú quien pida, sino que serán otros a través de ti.*

26 de febrero (otra vez en el camino)

Miro un torrente. Aquí y allá está bloqueado por montones de nieve.

—*Poco. Eso es lo que estás viendo, Nicole.*

—El agua que fluye es potente y clara.

—*Sí. Mírala bien.*

La nieve en las dos orillas evita que el agua se extienda sobre todo el lecho del río.

—*¿Lo ves, Nicole? Ser poco significa permitirte ser canalizada por mí. No te extiendas hacia afuera. Permítete ser canalizada, y como el torrente, serás mucho más poderosa.*

Parece como si el Señor quisiera que yo mantuviera el agua clara. Él se encargará de que corra sin obstáculos.

—Quieres que la gente vea tanto la claridad como el poder del torrente. ¿Quieres que yo sea como este río montañoso?

—*Sí.*

—Yo también lo quiero, pero no soy digna de eso.
—Espera. Ya verás.

27 de febrero

Aún sigo caminando por esas montañas que son casi demasiado blancas. De pronto me doy cuenta de que ya no escucho el torrente.
—Entiérrate como lo hizo el torrente. Entiérrate en mí.
—¿Lo que quieres que haga, Jesús, es tomar mis fuerzas de ti, contigo?
—Sí.

Viernes

La Vía Dolorosa en una pequeña capilla con cuatro ancianas de la región. Después de cada estación, repasan su Padre Nuestro y Ave María. Me marea y la velocidad, que es casi ofensiva, me pone nerviosa.
—No te están hablando a ti, Señor. Solamente están repitiendo plegarias.
Él sonríe y no dice nada.
—Y todo esto que es tan sombrío, Señor. Es realmente deprimente.
Tampoco hay respuesta. Entonces me doy cuenta de que estoy muy mimada porque pasé mi vida con alguien que está vivo en verdad. La vía dolorosa está *detrás*, no adelante. En definitiva estoy muy mimada. Me siento como una niña con un enorme regalo de Navidad en los brazos. El regalo es tan grande que apenas puedo con él. En realidad tengo que soltarlo.

Marzo (de vuelta con los Compañeros, en la capilla)

El Señor me pide que sea feliz. Poco después, durante una misa fúnebre para la madre de una amiga de nuestros hijos, el Señor me vuelve a pedir que sea feliz. Ella murió después de una lucha de once años contra el cáncer, y dejó a un hijo de quince años. Desde todo punto de vista, es absurdo.
—Me siento terriblemente mal por este muchacho, y tú me pides ser feliz.

—Sí. En mi mirada amorosa, en mi mirada que te mira como eres, eso te crea y moldea cada día, sé feliz.

4 de marzo

Nuevamente me pide que sea feliz. Ser feliz para vivir con él y por él.

—También debes ser transparente.

Éste es un lazo viviente que me ofrece. No hay nada platónico en esto.

6 y 7 de marzo

Leo *Prison to Praise* de Merlin R. Carothers. Es muy americano. Un poco simplista. Decir gracias en toda circunstancia me parece equivocado, y sin embargo hablo con el Señor acerca de esto.

—Para mí, todos y cada uno de los agradecimientos son únicos.

—Señor, simplemente no puedo decir gracias por los clavos que te clavaron en las manos. No es posible.

Él sonríe.

—¿Podrías explicármelo, Señor?

—Te lo enseñaré de otro modo.

—Empieza ahora mismo.

—Así lo haré, Nicole. Yo estoy "contigo a pesar de todo". Giles en el hospital con cáncer, Lucette y su hijo que pasa por una terapia psiquiátrica, Martine y su marido que se retrae cada vez más. Ya sé todo eso. Llora con ellos. Sí. Sufre con ellos, Nicole, pero en medio de todo diles que yo estoy presente y que yo estoy aquí en medio de todo esto.

—No puedo ver nada. Tendré que hacer este acto de fe en la total oscuridad.

—No permitas que tu compasión te trague por completo. Guarda un lugar para mí. Déjame sufrir contigo. Yo también estoy ahí.

13 de marzo (Eucaristía en la capilla)

Mi nuca se siente pesada, como si alguien la apretara desde arriba. La presión es fuerte, pero no lastima. De nuevo, tengo la impresión de que me hundo.

—¿Qué estás tratando de decirme, Jesús?

—Sé pequeña, obediente.

—Cuando me relajo así, me siento bien. Estando así, las cosas parecen fáciles.

—Déjalo ser, déjame hacerlo. Quiero que sientas que la obediencia te hará feliz y que te hará sentir cómoda.

16 de marzo (misa dominical en Saint Aignan)

Veo el rostro del Señor, inmenso y sonriente.

—Tomé todo en mí, absorbí todo. No temas. Estoy aquí.

18 de marzo (capilla de los Compagnions)

Esta mañana, yendo de compras, veo a dos Compañeros en un café en la calle. Debieron haber estado de vuelta hace dos días.

—Señor, lo que hacen es tan frustrante. No podemos aferrarnos a ellos. Tarde o temprano, ellos volverán a la bebida. Eso me lastima.

—No es tu *Comunidad, Nicole. Es mía.*

En ese mismo momento, suelto todo. Se lo doy todo a él. Él sabe mejor que yo.

Esa noche en la capilla:

—Pondré mi amor en tu corazón. Vendré y amaré en ti. No temas.

—¿Y qué conmigo? ¿No debo hacer nada? ¿Sólo ser pasiva? Eso es muy negativo, Señor.

—No, debes seguir siendo pequeña y obediente. Tomar a las personas y a las cosas como te las doy a ti, y luego... yo me encargo de eso.

Saint-Benoît-Loire

Un minirretiro en menos de dos días. Misa concelebrada en la basílica. El Evangelio: María vierte un precioso perfume a los pies de Jesús.

—Haz lo que ella hizo.

—¿Quieres que me siente a tus pies, que tome tiempo para ti?

—Sí. Y más que eso. Quiero que me mimes.

–Tu ciertamente me mimas a mí, Señor. Y quisiera tratar de mimarte. Pero no tengo nada precioso que ofrecerte.

–Necesito que me mimes.

–¿Qué tengo que sea tan preciado que pueda verterlo sobre ti?

–Tu confianza, tu confianza infantil. Haz que eso sea tu regalo para mí.

Me doy cuenta, o más bien siento a lo que se refiere. Él no quiere actos aislados de confianza, sino que quiere que mi fe sea vertida en él en forma libre y continua.

Luego, estando sola con él en el oratorio, sintiéndome cálida y cómoda, le confío los sufrimientos de todos aquellos que están bajo mi cuidado, la Comunidad de los Compañeros, los difíciles. Estoy a sus pies. Los dos estamos felices.

El oratorio, Saint-Benoît-sur-Loire

Estoy sentada a sus pies.

–Señor, te doy mi confianza. Pero, ya sabes, hoy es fácil; mañana será más difícil. No es claro cómo se puede lidiar con el desorden de la vida cotidiana, y aun así seguir siéndote fiel.

–Ningún "sí, pero..." Dame tu confianza sin ninguna reserva.

–Es tuya.

Un instante de comunión. Él eleva su rostro hacia mí y me rodea con su luz, como a una amante.

–¿Quieres que seamos dos y uno al mismo tiempo?

–Sí. Quiero convertirme en tu aliento. Respiraremos juntos.

¡Oh la la! Me pregunto si el Señor no está yendo demasiado lejos.

–¿Realmente quieres vivir en mí?

–Sí.

–¿Qué es lo que amas en mí?

–Que eres fresca y serena.

–No siempre, Señor. Lejos de ello. Ya sabes lo insoportable y terca que puedo ser.

–Sí, lo sé.

Y sonríe.

Tanto amor, tanto amor por la pequeña brizna de mujer que soy. Está mucho más allá de mi comprensión.

—¿Realmente me necesitas?

—Sí.

Aún me siento con deseos de discutir, y así lo hago. Le vuelvo a decir que necesito a Philippe, a Pierre, a Bernard... que necesito manos humanas y amor humano para seguir con esto.

Él está un poco dolorido al responderme:

—Yo siempre te mimé. Siempre te di estas manos. ¿Qué te hace pensar que ya no lo seguiré haciendo?

Siento, siento en lo profundo, que si logro vivir y respirar con él, sólo el momento presente será importante. Los temores, el sufrimiento y la preocupación ya no significarán nada.

—Ayúdame, Jesús. Quiero que la promesa que te hice hoy sea algo más que un simple resplandor. Encárgate de que cuando me tope con dificultades, no trate de ir sola y dejarte a un lado. Si voy por mi camino sin ti, ve por mí rápido. Sé que sólo de este modo avanzará tu reino. Sí, Señor, respiraremos juntos. Eso es lo que deseo.

Principios de abril

Estos últimos días han sido algo duros. Tener el brazo enyesado me molesta, pero es demasiado doloroso no tener el yeso. Encima de eso, tuve un absceso y se me extrajo un diente. El cielo está tan gris como en noviembre, y el viento es tan frío que se necesitan abrigos y botas de invierno. Me siento pesada y aterida.

Pierre está lejos, pero la Comunidad se las arregla muy bien.

Domingo (misa en Saint Aignan)

—Estoy aquí para verte, Señor. No he sido muy atenta contigo.

—Te estaba esperando.

Apenas una insinuación de reprimenda.

7 de abril (en la capilla de los Compañeros)

Me las ingenio para pasar media hora sola con él. La capilla está fría y desierta, en ausencia de Pierre.

—Es bueno estar contigo, Señor.

Y es verdad. Él quiere mi corazón. Oigo a los Compañeros que se llaman el uno al otro, los golpes en la puerta. Oigo los ruidos de la vida afuera, pero al mismo tiempo siento otra vida dentro de mí.

—¿Por qué justo ahora te estoy ignorando un poco, Señor, cuando sé que eres una vida verdadera? Simplemente no lo sé, lo saboreo.

—Yo soy la vida en su plenitud. El camino que te ofrezco está lleno de luz. Caminarás en estanques de luz.

—Y entonces ¿por qué tengo reservas? Dímelo.

—Porque quieres saber las cosas antes de tiempo.

—¿Qué cosas?

—Los regalos que te doy: mi paz, mi alegría, mi libertad.

—¿Y qué hay de malo en eso?

—No puedes. Imaginas esos regalos en relación con tu propia experiencia, de acuerdo con lo que tú sabes acerca de la paz y la alegría y la luz. Pero mi *paz, la paz que te estoy dando, proviene de mí. No puedes saberlo, porque es* otra.

—Te imagino como inmenso y profundo.

—Es la vida en la plenitud. Sólo puedes conocerlo dejándolo ser.

8 de abril (en la capilla)

En general, un día tranquilo. Me tomo un tiempo para descansar con el Señor.

—Esta capilla es fría, Señor, y los Compañeros que acostumbraban a estar con nosotros durante la Eucaristía, volvieron a la bebida. Eso me hiere.

—La cuestión no es su fidelidad, sino la tuya.

—¿Cómo puedes decir eso, Señor? Estamos en esto juntos. ¿Quieres que nosotros seamos tus testigos, o no?

—Un testigo, sí. Quiero que seas una pequeña sirviente y una testigo de la luz.

9 de abril (capilla de la Ermita)

Sola en su presencia en esta fría capilla, trato de olvidar el día, el Compañero suicida al que acabo de escuchar, y con el fin de entrar en comunión con él.

—Hoy fue duro.

—Debes estar segura de mí.

—¿A qué te refieres?

Él repite:

—Debes estar segura de mí, incondicionalmente segura de mí.

—Dime a qué te refieres.

—Debes estar segura de mí independientemente de las circunstancias que te doy para que vivas, la gente que conoces, las situaciones agradables o difíciles en donde te halles. Debes estar segura de mí, enriquecida por mí, sin importar lo que venga.

12 de abril (misa en la capilla de los Compañeros)

El Evangelio de unas hogazas de pan y un poco de pescado que alimentó a toda una muchedumbre. Este Evangelio está hoy destinado para nosotros.

—Estas hogazas de pan son tan frívolas, Señor. Y tengo la impresión de que lo que estamos haciendo aquí para los Compañeros es también frívolo.

Sólo somos tres en la Eucaristía. Ayer sólo éramos dos. Y los Compañeros que participaban en esta comida se han ido y han vuelto a la bebida, a las calles, a la miseria.

—Puedes creer en lo frívolo. Yo doy el aumento. Yo hago la multiplicación.

14 de abril (Le Queyras)

Unos cuantos días de vacaciones, sólo Philippe y yo. ¡Por fin! Vuelvo a encontrar el torrente de febrero pasado, pero esta vez ya no hay nieve y la corriente es amplia y poco profunda.

—Hay una razón para todo, ¿verdad, Señor? Ahora es primavera. Es el mismo torrente, pero qué diferente es del último invierno.

—No te apures. Debes ser como el agua de esta corriente. Entrégate a mí.

—¿En otras palabras?

—Déjate ser canalizada, guiada por mí. Debes ser como esta corriente; no vayas tan rápido. Acepta estos días cuando parezca que poco o nada sucede

en la Comunidad. Estoy preparándote, preparándote para el mañana. Tú no ves gran cosa. La corriente está bajo la nieve. Pero yo realizo el trabajo, y estoy ocupado.

—Es verdad. Me estás ayudando, nos ayudas a todos a madurar.

—Sí. Permítanme trabajar a través de ustedes.

15 de abril (Le Queyras)

La nieve, el silencio y el reposo son como un capullo para mí. Agradezco a Jesús por estos momentos pacíficos con Philippe. Es un regalo tan grande.

—Sigue dejando que ocurra.

Vuelve a mí la imagen del agua y el torrente.

—No confundas "dejar ser" con la pasividad. Sé gozosa y clara como esta agua, sin preocuparte del lugar a donde te llevo. No seas impaciente. Yo sé a donde te llevo.

—Quiero preguntarte a dónde.

—¿Por qué quieres saberlo? ¿Tienes miedo? ¿Es que no confías en mí?

16 de abril

Philippe se fue a las montañas, y yo vengo a pasar unos momentos con Jesús. Como una forma de ponerme ante su presencia, a veces empiezo diciendo "gracias" (gracias por Philippe, por los niños, por este lugar, etc.), y luego recito despacio las palabras del Padre Nuestro y el Ave María. Tanto Jesús como María están presentes y se hallan felices de verme así. Todo está bien.

—Háblame, Jesús. Estoy segura de que tienes algo que decirme hoy.

—Sí. ¿Recuerdas cuando te mencioné el segundo aliento?

—Sí.

—Es mucho más fácil de lo que piensas. Déjalo ser. No sólo como parte de ti misma, sino de todo tu ser.

—Dime lo que quieres decir.

—Es como cuando nadas. Todo tu cuerpo avanza en el agua. Déjate ser llevada por completo por la corriente. No te aferres a la orilla, no vayas contra la corriente.

—Lo que propones ¿no es una clase de pasividad?

—No, de ningún modo. Estoy hablando de obediencia. Tú sigues la corriente sin saber a dónde te conducirá, porque sabes lo bien que se siente ser llevada por el agua. Simplemente nadar.

—¿Por qué, Jesús?

—Para que el mundo me vea.

17 de abril

Hoy el mensaje es muy simple. La imagen sigue siendo la del torrente.

—No temas. El agua te lleva. Yo te cargo.

18 de abril (de rodillas)

—Soy tu sirviente. Es fácil cuando me siento feliz, descansada, relajada. ¿Tienes algo qué decirme?

—Sólo en mi eternidad verás a dónde termina el torrente. La corriente que lo mueve es la misma que descubrirás después de la muerte. Ya no habrán más acantilados o rocas. Ya no sentirás ganas de ir a la orilla.

21 de abril (la capilla)

Eucaristía-Evangelio: el pastor conduce a sus ovejas a apacentarse en verdes prados.

Nos hablamos el uno al otro:

—No me parece que tus pastizales sean siempre tan delicados, verdes o agradables.

—No eres una oveja. Deja de ver las cosas desde el suelo.

Una tarde, durante la Eucaristía en la capilla, le hablo: ya no vendrás a visitarme. Ya ha pasado más de un año en que nos hemos reunido así. Pero esto se terminará alguna vez, ¿verdad?

—Nicole, ya te he hablado tantas veces, ya te he dado tanto. Pero ahora es tiempo de poner en práctica lo que te he dicho.

—Trataré.

Al día siguiente:

—Realmente te mimé.

Es verdad, lo sé. Una imagen de alhajas (perlas) me viene a la mente. Las alhajas son lustrosas y me siento intrigada por ellas.

—Las alhajas representan mis palabras para ti. Estos collares y estas joyas es lo que has recibido y que en cierto sentido has usado. Pero ahora, Nicole, tienes que usar estas alhajas en tu interior. ¿Lo comprendes?

—Sí.

Pero sé que necesitaré un tiempo.

13 de mayo (la capilla)

Evangelio de San Juan.

Tanto amor me abruma. Veo algo similar a una corriente poderosa infinita que une al Padre con el Hijo.

—Gracias, Jesús, por habernos elegido como tus amigos. Gracias por permitirnos entrar en este círculo privilegiado.

—Ustedes no están dentro del círculo. Ustedes no fueron invitados a una especie de club. No es eso, de ningún modo. Ustedes forman parte del mismísimo movimiento.

—¿A qué te refieres?

Me da la imagen de un triángulo. Las tres esquinas están unidas entre sí por un movimiento perpetuo que va de una esquina a la otra. Cada uno de los polos actúa como un punto de atracción, atrayendo la fuerza del movimiento. Nosotros estamos en la fuerza en sí. Nosotros no estamos en el exterior o en el interior del triángulo, sino como parte de la fuerza del movimiento en sí.

1986 (vacaciones)

Desde hace unos meses, Jesús no es tan distante como silencioso. Después de un año de diálogos que fueron tanto maravillosos como desconcertantes, ¿voy a entrar ahora a la noche?

Con una sonrisa en su rostro, lo único que el Señor me dijo fue:

—Asimila este pequeño cuaderno, este tesoro que te di.

—Como lo desees, Señor. Trataré... y lo dejaré ser.

9

Ven y baila Conmigo

Julio de 1986 (vacaciones en Grecia con Pierre y los niños)

Deambulamos de una isla a otra, felices de estar juntos, aunque de vez en cuando nos ponemos nerviosos el uno al otro. Cada uno de nosotros tiene cosas que nos gustan y que nos disgustan, y por ello tratamos de hacer un compromiso. En estas vacaciones, el cielo es azul (un azul extrañamente límpido) y el mar es hermoso y suave, y es difícil, casi imposible, encontrarme con él. Me siento mal y se lo digo.

—*Te estoy preparando. No te preocupes de nada.*

Pero aun así me siento un poco como una huérfana. Me siento en especial como una extraña entre esta horda de turistas, a quienes sólo les interesan otras cosas. ¡Es un mundo tan pagano!

Pero en Patmos, en la cueva donde San Juan escribió el Apocalipsis, por fin pude encontrarte, Señor. Estando sola, vigilada por un sacerdote ortodoxo griego quien temía que yo fuera a robar uno de los dorados tesoros que llenaban la pobre gruta, me arrodillé y sollocé. La certeza de que Jesús vive me inundó. Mis lágrimas fueron mi única plegaria. San Juan lo podría entender.

Agosto (de vuelta a la Comunidad)

La Comunidad se ha hecho más grande con la llegada de un ermitaño que busca la dimensión horizontal de la cruz, es decir, contacto e interacción con los pobres, y del capellán de un hospital psiquiátrico que pasa una semana de sus vacaciones con nosotros, limpiando frijoles y ayudando con la chatarra y los periódicos viejos. Para mí la palabra *compartir* es difícil. Pero cuando te vi en tus ropas de trabajo, padre Simón, volviéndote pequeño en medio de todos estos pequeños, por fin pude saber lo que significa compartir.

En nuestras dos pobres y austeras capillas, tres sacerdotes celebran la Eucaristía todos los días. Nos están mimando. Hallo fuerza y serenidad al partir el pan. Sin él, no estaríamos aquí. La misión que se nos confió es demente, imposible. ¿Cómo es posible que podamos ayudar a estos hombres? Todo lo que podemos hacer es regalarles el amor que Jesús nos concedió. En lo que se refiere a soluciones humanas, tenemos poco, muy poco, para ofrecerles. No tenemos el tiempo o la ayuda para convertirlos en nuevos hombres. Sean alcohólicos o con trastornos psicológicos, en algún momento del futuro volverán a sus viejas costumbres. Todo lo que somos es una pequeña brizna de luz. Un pequeño trozo de vela que los alumbra por la noche. Es tan insignificante, pero puede ser mucho si Jesús quiere convertirla en una luz más grande. Eso es su parte. Nuestra parte se satisface si nosotros mismos somos pequeñas briznas de luz.

Agosto (capilla de los Compañeros)

–Cree en mí. Crean en mí, todos ustedes.

–Eres muy insistente.

–Si ustedes creen en mí, me darán ímpetu. Necesito su fe para poder actuar. El inpulso viene de ustedes.

Agosto (la capilla)

–Soy el maestro de lo imposible. ¿Crees en eso?

–Sí.

Mi "sí" es un poco tímido, porque en realidad no lo creo. Digo "sí" con una mente obediente, pero el resto de mi ser dice "tal vez".

–No entiendes. Es mi *imposible, no el tuyo.*

–¡Hmm!... Eso suena un poco como a una pirueta, ¿verdad?

—*No. Mi imposible te asombrará.*

Agosto (en camino a la Comunidad)

—Estoy sorprendida de lo que haces por mí, conmigo, por ellos.

—*Sigue asombrándote. Sigue haciéndolo.*

Agosto (misa con los Compañeros)

El Evangelio acerca de las vírgenes tontas y prudentes.

En silencio meditamos sobre este Evangelio.

—Jesús, ¿soy una de las tontas o una de las prudentes? ¿Mi lámpara está llena de aceite?

—*Sólo a medio llenar.*

—*Oh la la...* ¿Qué es lo que debo hacer, Señor?

—*Nada.*

—¿Qué quieres decir? No lo entiendo y eso me preocupa.

—*No te preocupes. No te preocupes de nada. Soy yo quien te llenará tu lámpara.*

—¡Oh!...

Me prometo a mí misma preguntárselo mañana. Pero primero tengo que hacer lo que él dice que es mi parte.

Agosto (al día siguiente, en misa)

Me siento un poco aprensiva, al preguntarle después de la Consagración:

—¿Me lo vas a explicar?

—*Sí.*

—Dímelo

—*Tú llenas la primera parte de tu lámpara. Yo lleno la segunda, e incluso la lleno hasta que se derrama.*

—!!

—*Cree en mí. Soy tu amigo. Te protegeré. Todo lo que tienes que hacer es creer desde el fondo de tu corazón, y tu lámpara se llenará.*

—¿Quieres que haga eso, pase lo que pase?

—*Sí.*

—Ya sabes que no es tan fácil.

—*Es mucho más fácil de lo que crees. Déjalo ser. No dejes que nadie te haga dudar. Mira todo lo que te estoy dando. ¿No es eso suficiente?*

—Ah sí, pero...

—*Deshazte de ese "pero".*

1º de septiembre (la capilla de los Compañeros)

El ermitaño que ha estado con nosotros desde hace dos meses ya se va. Ésta es su última misa con los Compañeros. Confío el ermitaño al Señor. Él sabe cuáles son los pensamientos que me preocupan, y la tristeza que pesa sobre mi alma.

Jesús viene y despacio se arrodilla frente a mí y me toma en sus brazos. Es maravillosamente reconfortante.

—*Cree en mí. No te abandonaré.*

Y luego:

—*Amor sin ninguna seguridad.*

—Tengo la impresión de que todos nuestros esfuerzos para sacar a la gente de su miseria, de acercarlos a ti, en total no son nada.

Desde el punto de vista intelectual sé que estamos haciendo lo correcto, que tenemos que amar a los desposeídos, pero a veces es difícil ponerlo en práctica.

Jesús añade:

—*Te seguiré mimando. No temas.*

2 de septiembre (en casa)

De hecho, él no iba a tardar demasiado para mimarme, porque al día siguiente, como de la nada, vino un amigo a la casa para preguntar si Jean-Jacques, un cura franciscano que vive en las calles con los desposeídos, podía celebrar misa en nuestro albergue. ¡Desde luego que podía!

Vino Jean-Jacques. Está muy flaco y su rostro está demacrado. Mis hijos están cautivados, y los pocos miembros de la comunidad laica "Compañeros de la Oveja" que también están presentes, quedan fascinados por él. En la consagración, el Señor me mira cara a cara.

—Te lo dije, ¿verdad?

Jean-Jacques nos da una enseñanza de una hora. Me atrevo a decir que en realidad no me enseña nada. Yo ya lo sé. A su modo, Jesús ya me lo hizo saber en mi interior. Lo que Jean-Jacques trae es un resplandor de luz, fuerte e intenso. Qué grande es la autoridad que tiene este hombre de Dios. Me encantaría compartir mi pequeño cuaderno con él. Quizá algún día.

3 de septiembre (Compañeros)

Desde que Pierre se fue a un retiro a predicar, todo se ha vuelto más difícil. A los hombres no les gusta recibir órdenes de una mujer. Uno de los voluntarios quiere estar a cargo, pero lo hace todo mal. Descubro que algunos de los Compañeros han bebido en la Ermita. Tendré que ser enérgica con ellos. Esta mañana necesité recordarles que ninguno de ellos debe considerarse un pequeño jefe.

Así que heme aquí, siendo dura y tajante otra vez. Pero es la forma en que debe ser. Si no me hago cargo, dentro de poco habrá caos de nuevo.

—Ámalos. Aun cuando hagas lo que tengas que hacer, ámalos.

No es fácil, y hoy con todas las propuestas y actividades ocurriendo con propósitos encontrados, me harto.

—Ámalos. Son débiles, con frecuencia incompetentes, y mienten. Ámalos. Así es como es la gente que te presto.

4 de septiembre

En camino a la Ermita, hablo con él.

—Señor, tendré que hacer una junta con ellos, y tendré que regañarlos debido a este maldito alcohol.

—Regáñalos y ámalos al mismo tiempo.

Ya no pienso más en lo que voy a decirles. Me dejo tranquilizar por el paisaje de los campos a la luz del sol. Amo Beauce.

La junta: están aquí y parecen incómodos. Me gustaría decirles que los amo, pero eso es imposible. No funcionaría. Pero lo digo con otras palabras. En resumen, les digo que todos hacen cosas estúpidas, incluyéndome a mí. Lo que ustedes hicieron es muy estúpido. Admítanlo y sigamos con las cosas.

El principal culpable se va por propia iniciativa sin que yo tenga que pedírselo. Él no podrá arreglárselas por cuenta propia. Se lo digo y le reafirmo mi afecto por él. También Pierre lo hace.

–Lo sé –me dice.

El Señor hizo que las cosas fueran fáciles para mí porque en el fondo de mi ser estoy en paz. Hoy, en ese mismo momento, me purifiqué de todo juicio acerca de ellos.

Cuatro de nosotros están en el servicio eucarístico, y se lo agradezco.

–¿Qué te dije? Ve hacia adelante. Sígueme. Es fácil. Nada te ocurrirá.

5 de septiembre (la capilla de los Compañeros)

Tenía miedo de estar sola en la capilla, pero no sucedió nada por el estilo. Jean-Jacques regresó con su hermano menor franciscano. En el momento de la Consagración, soy jalada con violencia por los siglos. Las manos que elevan la hostia y que toman y ofrecen el vino son los de Cristo. Es brutalmente intenso, inescapable. Los gestos, las palabras: *está sucediendo por primera vez.* Hoy, en este momento, estoy en la capilla, y *al mismo tiempo* me hallo presente en la Última Cena. Esto no es una repetición, una "re-algo". Esto es lo verdadero, la primera vez. Estoy presente con todo mi ser en la primera comida cuando Jesús compartió su cuerpo y su sangre.

Es demente. Es como estar borracha. ¿Me atrevería a decir que estoy "bebida"? Es una palabra tan vulgar, pero es más o menos lo que experimento, lo que se me otorga.

Yo no contribuí para producir esto. No me merezco estas gracias. No tengo palabras para expresar lo que ocurre. Lo que vuelve a mí en mi corazón son las palabras de Jesús: *"Haré de ti una reina".*

6 de septiembre

Un día extenuante pero enriquecedor. Dividido entre los dos lugares de los Compañeros, la Ermita y la Rue des Comtesses. Parte del día se va con un grupo de amigos y benefactores alemanes a quienes damos la bienvenida y les mostramos el lugar. Tío Pierre, un monje de Saint-Benoît-sur-Loire, se detiene e ilumina el día. Vivo en el presente, momento a momento. Las cosas se mueven rápido, pero me prometí a mí misma que no entraría en frenesí ni me ofuscaría. Una cosa a la vez; una persona por vez. Por esto quiero decir que cuando un Compañero o alguien me está hablando, trato de concentrarme en esa persona. No siempre lo consigo, pero estoy trabajando sobre ello.

La pequeña capilla está llena: dos Compañeros y algunos amigos de los franciscanos. ¡Y éste es el lugar en donde yo temía estar sola!

Jesús viene y nos envuelve en su ternura, feliz de vernos felices.

–Gracias. ¿Sabes? No puedo evitar sentirme un poco asustada cuando estoy sola como jefa de este rebaño.

–Lo sé. Sucumbe.

–¿Por qué insistes tanto en ello? ¿Porque eres todopoderoso y puedes hacer todo?

–No. Necesito tu fe. Necesito que creas en mí y que me ames.

–No puedo creer que necesites mi amor.

–Sí, lo necesito. Necesito poder actuar en ti y a través de ti. ¿Comprendes?

–¿Lo que quieres es una relación?

–Estoy vivo.

Fin de semana en casa

Benoît y yo hablábamos acerca de religión, la fe, la misa, etc.

–En pocas palabras –dice Benoît–, es una especie de método socrático que el Señor usa para guiar tu imaginación.

–¿Por qué dices eso?

–Porque no escuchas una voz, del mismo modo en que oyes la mía por ejemplo.

–No exactamente, pero es algo distinto. Él en realidad me habla a mí.

–No te preocupes, mamá. Te creo.

Sábado en la capilla

Esta mañana, el tío Pierre celebra la misa en nuestra pequeña capilla.

Agradezco al Señor por estar aquí. Esta vez veo la imagen de una enorme alfombra que es desenrollada.

El Señor la urde y los entreteje. Nuestros encuentros, nuestras vidas, son los hilos y los nudos de la alfombra. El Señor es el amo de todo ello: Él la teje.

Misa en casa, Jean-Jacques y varios amigos

–Llévame contigo. Cárgame contigo. Llévame contigo. No ocupo mucho espacio. No carguen otra cosa que no sea yo.

La capilla de los Compañeros

Somos dos personas, arrodilladas ante el Señor y leyendo el Evangelio del día: el centurión que pide al Señor que cure a la esclava que él ama.

–¿Por qué esta expresión de admiración, Señor? ¿Por qué? Tú sabes lo que está en sus corazones. ¿Por qué admiras la fe de este centurión?

–Porque él ya cree en mí. Su fe está enraizada en su propia vida. Él comprende que su vida es mi regalo, y él en verdad cree en mí.

–¿Y tú estás profundamente conmovido por eso?

–Sí. Él en verdad me ama.

–Pero ¿por qué los intermediarios? ¿Por qué enviar amigos? Pero ya no tengo tiempo ahora. Tengo que dejar la capilla para ver a los Compañeros y prepararles la cena. Nos veremos mañana, Señor, y entonces me lo aclararás.

En camino a Arcueil y al banco de alimentos donde se supone que debo reunirme con Bernard, un hermano y amigo.

Llueve. Tengo que maniobrar entre enormes camiones. Escucho:

–Te enviaré por otros caminos, del mismo modo en que lo hago ahora.

–¡Qué idea, Señor! No soy una buena conductora. ¿A dónde quieres enviarme?

–A la autopista de los corazones de los demás. Además, yo seré el único que manejaré.

Ya puedo oír a Philippe: Dios sabe lo que está haciendo cuando no te permite que tú manejes. Tú no eres la reina del camino.

Bernard sigue siendo fiel a su compromiso, a pesar de todo el trabajo y los problemas que se apilan sobre él. Él también está a cargo de una comunidad como la nuestra, pero siempre se halla disponible.

El padre Jean está aquí, y por ello es posible celebrar la Eucaristía. Bernard está a mi lado, y cuando él reza es como un niño en la presencia de Dios. Al Señor debe gustarle mucho. Nos sentamos a comer y a disfrutar de una buena conversación, durante la que me entero de que el banco de alimentos está inaugurando muchas sucursales. En camino a casa, el Señor inicia la conversación.

—Bernard es un buen centurión.

—¿Estás continuando la conversación de ayer, Señor?

—Sí. Él es un buen centurión. Él también hace uso de intermediarios.

—Ah...

Retrocedamos un poco. Cuando llegué al banco de alimentos, Bernard y el padre Jean tenían problemas. Un hombre en la Comunidad de Bernard se negaba a irse. Este hombre tenía alucinaciones místicas, lo que alteraba a la Comunidad, y así por el estilo. Al escuchar a ambos parecía que estaba de vuelta en la Comunidad de los Compañeros. Es una historia conocida. De todos modos, esta persona difícil apareció en la misa. Rezamos y compartimos. A este pobre hombre no le va muy bien. Durante la misa le pido al Señor que cuide de él.

Y entonces ocurrió un pequeño milagro, de la clase de los que ocurren aquí. Sin ningún esfuerzo, el padre Jean pudo hablar con él, y él decidió irse.

¡Uff! Bernard me explicó con tranquilidad:

—Cuando debemos resolver una situación difícil, ayuno y rezo. Esta mañana no desayuné. Para mí, eso es un verdadero sacrificio.

¡Pequeño hermano Bernard, buen centurión, me asombra!

—¿El ayuno de Bernard fue un intermediario? Los amigos del centurión lo enviaron a ti. ¿Es este caso similar?

—Sí. Los intermediarios me hacen posible tejer mi tela junto contigo.

Misa en la capilla de los Compañeros

Evangelio: María Magdalena vierte perfume a los pies de Jesús y llora.

—Ves, Nicole, que ella también hace uso de intermediarios.

–El perfume y su llanto, ¿verdad?

–Sí.

Permito que un momento de silencio me cubra, y comprendo que el Señor quiere que usemos lo que él nos da (lo que él me da a mí) para ir hacia él. Tenemos que empezar de lo que somos y de cómo somos, y no desde un sistema externo. Los intermediarios están a nuestro alcance.

Misa en la capilla

–Ámame. Permíteme que te ame. Déjame actuar en ti.

Después:

–Ámame empezando con tu propia vida, empezando con todo lo que te doy para ser y vivir.

Misa en Saint Aignan

–Haré de ti una reina. Sigue siendo pequeña. Ten una sonrisa en el rostro. Sé feliz.

Su ternura me inunda.

Misa en la capilla

–Sé inocente. Permanece inocente.

–Pero eso es tan difícil, Señor. Es por ti que he reconocido y experimentado toda esta miseria humana. ¿Quieres que seamos inocentes en medio de todo esto?

–Escucha, acepta, simpatiza, pero no te permitas quedar agotada. Sigue siendo inocente conmigo, nueva conmigo. Déjame la iniciativa, así como cargar y hacer. No temas. Sé inocente y acepta a todos y a todo. Yo haré lo que necesita hacerse.

23 de septiembre (en camino a la Comunidad)

Una vez más me siento intensamente feliz de estar viva y de hallarme tan cercana al mundo y en especial a Jesús. El mundo en el que vivimos es presa de la violencia. Tengo un amigo que está muy enfermo; estoy asediada por toda clase de mezquinos problemas administrativos. Y sin embargo siento un sentido de armonía dentro de mí misma al abrirme paso a la Comunidad. La calle es tan fea como siempre, los problemas humanos y organizativos de los que me tengo que encargar no son ningún chiste, y sin embargo me siento con humor de cantar. Ése es un gran regalo.

Le digo:

–En realidad estoy mimada, Señor, y en verdad siento que tú gozas conmigo. Pero ¿qué hay con los demás, Jesús? ¿Por qué ellos tienen menos que yo?

–*¿Qué sabes tú de eso?*

–Toma a Philippe, por ejemplo, y también a los demás. Se me bendijo con este intenso diálogo contigo, que a tantos otros de tus amigos les gustaría tener. Hay sacerdotes, monjas, muchos otros...

–*Nicole, estás viendo el reverso de la alfombra que estoy tejiendo contigo. Yo lo veo desde la parte de adelante. Cuando estés conmigo, lo verás como yo: desde la parte de adelante.*

–No tengo deseos de morir justo ahora. ¡Para nada! ¡Para nada!

Él sonríe y continúa:

–*¿Te das cuenta? Es como una pintura o una imagen. Un gran bloque de color brillante necesita un pequeño punto, una pequeña brizna cerca para que el color sea más brillante. Si ese pequeño punto luminoso no está, el bloque de color brillante no resplandecerá. ¿Lo comprendes?*

–Sí. Pero tengo la impresión, Señor, de que no soy más que un gran brochazo rojo.

–*Es posible. Haz que este brochazo resplandezca. Haz que resalte.*

Y luego prosigue:

–*Confórmate con ver únicamente el reverso de la alfombra. Está un poco desordenada. Hay hilos en todas partes, colores enredados y partes que no fueron terminadas. Pero todas estas piezas que se enciman, este desorden, produce la impresión de unidad y armonía por la parte de adelante. ¿Lo comprendes?*

–Sí, Señor, seré paciente.

Misa en la capilla

Somos cuatro. Me siento un poco distante. Necesito silencio. De pronto me invade una sensación de paz, pero es tan extraña, como un gran peso, feroz, que se estrella sobre mí. Me siento inmersa por completo, aislada, enterrada y sin embargo presente. ¡Qué expresión de amor!

–¿Por qué un amor tan grande, Señor? ¿Por qué yo?

–Porque te amo. Es gratis.

Tengo la impresión de que cada parte de mi ser se inunda de una increíble ternura. Es casi demasiado. Se lo digo.

–¿De veras, Nicole? ¿Por qué no tan sólo aceptas el gracioso regalo de mi amor?

–Porque, porque... Quisiera darte algo a cambio. No somos iguales. No lo merezco...

Me doy cuenta de que me estoy confundiendo, y de pronto todo se aclara.

–Sé pequeña –me dice.

Sí, todo se aclara. No estamos hablando acerca de ser pequeños por querer serlo, mediante la obediencia, por una decisión. No. Ésta es una pequeñez que viene como *resultado* de otra cosa. El amor de Dios, el escandalizante amor de Dios resulta de que somos pequeños porque no podemos actuar o ser de otro modo.

Algo dentro de mí solía rebelarse cuando me decían que no significamos mucho o que somos buenos para nada. En el fondo, sé que soy preciada a ojos de Dios y también a ojos de otros. Yo valgo algo, y me niego a decir que no soy nada. Debería decir: acostumbraba a negarme. Porque de pronto y dentro de mí, entiendo a la perfección que *ser pequeña no es algo negativo*. No es una cuestión de disminuirme, hacerme pequeña para que los otros tengan más espacio. No, Jesús *ya tiene* un espacio inmenso, y todo lo que tengo es un poco de espacio. Pero *el pequeño espacio que tengo es maravilloso*. No soy puesta de lado, disminuida. Simplemente soy rebasada por el amor que siento en este momento, y sólo puedo declarar que él habita todo, incluye todo, penetra todo.

Y por ello no trataré de competir. Frente a tantas cosas, resurjo con goce.

—En verdad quiero ser pequeña de este modo, Señor. En verdad lo quiero porque, cuando soy así, me siento como una reina.

—Nicole, si tú supieras lo intenso que es mi amor, te paralizarías. Serías incapaz de moverte.

—Te creo, Jesús. Te creo.

Es realmente desde el interior que él me permite entrar en su reino. Es demente. Comienzo a llorar. El llanto puede más que yo.

25 de septiembre (la capilla)

—Armame en ti, Señor, porque no consigo situarme en tu presencia.

—Yo te armaré.

Me siento dispersa con desesperación. Mi mente no me obedece y deambula en todas direcciones. La cena de esta noche, la tarea de Laurette, las compras de mañana... Si sigo así, él no vendrá. De modo que trato hasta donde me es posible de calmarme. ¡Uff! En la Consagración al fin estoy un poco más preparada para recibirlo.

—Sería estúpido perderme una reunión contigo, Señor.

Él no responde.

Después de la Consagración, por fin tengo algo de paz y quietud.

—Gracias.

—Mantén los ojos abiertos al mundo, a los eventos y a las personas que pongo en tu vida. Pero cierra los ojos cuando estés en el camino. Yo te llevaré. No te preocupes. Sé como una niña y déjate conducir.

Necesito mirar a mi interior, escuchar su palabra y seguir su camino.

26 de septiembre

Desde esta mañana me pasa por la mente la idea de que el Señor es un "marginal". Al hacer el quehacer y preparar el almuerzo, me pregunto si esto viene de él o de mí. Esperaré. Quizá esta tarde en la misa.

Misa en la Ermita.

El Evangelio: ¿"Quién dices que soy"?

—¿Tú eres el "marginal", Jesús? ¿Es eso?

—Sí.

–Explícame eso. ¿Significa que estás en el borde?

–Sí. No trates de encerrarme en un sistema, archivarme en un cajón. Yo rebasaré el cajón. No trates de contenerme, de encajonarme. Si haces eso, escaparé de ti. ¿Comprendes?

–Sí, comprendo. Pero entonces ¿cómo te alcanzamos, aprendemos de ti, nos reunimos contigo?

–Corazón a corazón, Nicole.

–Sí, creo que sé esto. ¿Hay otro modo?

–No.

–Entonces, ¡qué responsabilidad es este diálogo, esta conversación de corazón a corazón contigo! ¡Qué oportunidad! Pero viéndolo de este modo, me asusta un poco, Jesús.

–No te preocupes, Nicole. Somos dos.

27 de septiembre (la capilla de los Compañeros)

–Yo te invito. Yo, en persona, te invito.

28 de septiembre (misa en la capilla)

Un día frenético. Nos asedian las llamadas por teléfono, los quehaceres y un viaje a la Ermita ida y vuelta. Esta tarde, Pierre parece agotado. Me duele el corazón al verlo a la mesa de la capilla. Somos tres.

Después de la Consagración, el Señor me dice:

–Ven y baila conmigo, Nicole. Ven.

¡Esto es demasiado! ¡Demasiado! Siento unos cuantos momentos de pánico al oír una vocecilla dentro de mí que me dice: "Estás equivocada. Tu imaginación te está engañando..."

Me escondo en el silencio.

–Ven y ayúdame, Señor. ¿Eres tú quien me habla?

–Ven y baila conmigo. Ven. Yo te invito. No me dejes solo.

En ese punto estallo.

–Señor: Estás yendo demasiado lejos. ¿No piensas que esto es demasiado? El mundo es un desorden, Pierre está físicamente exhausto, el Compañero que se halla junto a él esta noche no se encuentra mucho mejor. ¿Y tú me pides bailar contigo?

En mi interior estoy gritando.

—Sí. Ven.

Pasan unos cuantos minutos de silencio. Él está triste.

—Ven. No me dejes solo. No te estoy pidiendo que vengas y bailes con el mundo, sino conmigo.

—¿Quieres que disfrute de estar contigo?

—Sí.

—¿Y el resto, todos los demás?

—Sí.

¿Y así es como Jesús me conduce a descubrir la alabanza y el goce? En realidad es demente.

29 de septiembre (misa en la capilla de los Compañeros)

Siempre este insistente temor de que él no vendrá. Esta noche somos cuatro. Durante la misa, antes de la Consagración, me habla con suavidad, para darme seguridad.

—Soy como un impermeable.

—Qué noción tan extraña, Señor.

Pero espero. Si esto en verdad viene de él, él me lo explicará.

Después de la Consagración.

—Tú me usaste como un impermeable.

—Prosigue.

—Yo soy el impermeable. Tú me sientes. La tela es agradable al tacto. Las tormentas, el viento y la lluvia vendrán y mojarán el impermeable, pero no a ti. ¿Comprendes? Yo te protejo.

—El viento, las tormentas, la lluvia... ¿todas éstas son nuestras dificultades humanas y materiales?

—Sí. Yo no me las llevo. Yo te protejo. Primero *vive en mí.*

30 de septiembre (en la capilla)

Evangelio: Lucas, fin del capítulo 9.

—Yo te sigo, Jesús. Todos te seguimos. Pero es difícil maniobrar el timón.

–Estás equivocada.

–Ah...

–Sí, estás equivocada. Yo soy quien abre camino, quien va hacia adelante. El timón soy yo.

–¿Y qué conmigo? ¿Y qué con nosotros? El timón no puede seguir hacia adelante solo.

–Aférrate a él. Tómalo con ambas manos. Si lo mantienes firme y pones todo de tu parte para conducirlo, yo haré el resto.

10

No soy un moralista

3 de octubre, 1986 (la Ermita)

Acabo de hacer las rondas en la granja. Los Compañeros están trabajando. Hay una especie de serenidad. Y sin embargo éstos son hombres desgarrados. Me detengo en la capilla durante unos momentos.

–Gracias por esta paz, Señor. Cada vez que vengo aquí, me sorprendo de lo bien que estos hombres pueden vivir juntos.

–Son la imagen de lo que tú eres para mí.

–¿Quieres decir que a veces, como ellos, somos miserables y no tenemos fe, y luego, otras veces, somos gentiles y obedientes?

–Sí. Trátalos como te trato a ti. Sé paciente, alerta. Si ellos deciden dejarte, abandonar lo que tienes para ellos, ámalos *a pesar de todo. Aun desde lejos síguelos amando.*

–Sí, comprendo.

Y luego, después de un momento de silencio:

–Señor, ¿es orgullo decir que no soy como ellos? ¿Soy vanidosa? Dímelo.

–Eres diferente, porque vivo en ti, habito en ti. Eres rica por mí.

Al salir de la capilla, me doy cuenta de que el Señor no respondió con exactitud mi pregunta. Se lo preguntaré mañana o pasado mañana. Después.

5 de octubre (misa en Saint Aignan)

Le hablo al iniciarse la misa.

–¿Me responderás, Señor? ¿Para aclararme algunas cosas?

–Sí. Espera.

Espero. El Evangelio me recuerda que somos sirvientes sin valor.

–¿Sin valor? Ese "sin valor" me irrita. ¿Eso es vanidad?

–Debes ser como una hoja al viento, el viento frío y seco del norte. En el otoño la hoja se permite ser cargada a donde la brisa la lleve. ¿Comprendes?

–Sí, creo que sí. Tú eres el viento y quieres que yo me deje llevar por completo por ti.

–Sí.

Y luego, de nuevo, todo se me vuelve a aclarar.

–Mi orgullo consiste en no aceptar tu amor de modo simple y total. De ese modo lo veo.

–Sí, Nicole, sí.

–¿En verdad quieres que sea como una hoja?

–Sí.

–Y justo de ese modo no tendré valor, pero no importa. ¿Eso es lo que estás tratando de decirme?

–Sí. Lo importante es el viento, la inmensidad de mi amor.

Lo que Jesús nos ofrece es un abismo, y en este abismo sólo hay "vida en su plenitud". Y todo lo que puedo hacer es rezongar y protestar que "es demasiado para ser verdad".

Al final de la misa le pido perdón.

–Tú hablas conmigo, me das prueba tras prueba de tu amor, y aun así yo dudo.

Él sonríe. Parece feliz de haberme aclarado las cosas.

En camino a casa me digo a mí misma que Jesús en realidad me eligió. Algún día podré decirle con toda sinceridad: haz conmigo tu voluntad. Voy a intentarlo, voy a comenzar. Pero hace que mi cabeza enloquezca.

–Trataré. Ambos trataremos, Señor.

6 de octubre (misa en los Compañeros)

Viene el Señor y me invita a mí y al resto de nosotros a bailar.

—¿Me invitas otra vez porque me gusta tanto bailar?

—*Sí.*

Él sonríe. Me dejo conducir por él, y me siento feliz, profundamente feliz.

—¿Tienes algo más que decirme?

—*Sí. Quita todas las prendas inútiles con las que me cubres.*

Seguimos bailando. Él *en verdad* me invitó.

—¿A qué te refieres con exactitud?

—*Yo no soy un moralista ni un filósofo. Despójame de todo eso. Mi única prenda es la ternura y la misericordia. ¿Comprendes?*

—¿Es por eso que me invitas a bailar contigo?

—*Sí. Quiero que sientas esta ternura.*

—¿Sabes? Me siento tan feliz cuando estoy contigo y quiero que dure.

Él sonríe.

—*No te preocupes.*

7 de octubre

Y la danza sigue. Seguimos bailando, y María nos ve, sonriente.

—Baila con mi Hijo. Me hace feliz.

Bailamos más rápido. *¡Realmente estamos bailando!* María está feliz y yo también, porque me encanta bailar.

María dice:

—Si tu corazón comienza a dar vueltas al bailar, aférrate a él. Él te sostendrá. No caerás.

En mi interior, *realmente* estoy bailando con él.

8 de octubre

Acabo de cenar con los voluntarios que me ayudaron a vender artículos de segunda mano. Estoy un poco deprimida. Como no son parte de la Comunidad, no siempre consideran nuestro punto de vista. Cuando digo “nuestro”, me refiero a Pierre y a mí y a todo lo que tratamos de hacer. Sé que esto es inevitable aun cuando hay buena voluntad de ambas partes.

–Señor, es muy estúpido alterarse por estas pequeñeces. Todos vamos hacia ti y trabajamos para ti. ¿Por qué no estamos más unidos?

–¿Se está tejiendo mi reino invisible, Nicole?

–Sí.

–¿Entonces?

–Pero ¿por qué no tenemos la unidad y armonía que siento con otros: Bernard, Jean-Jacques, Pierre, Antoine...?

–Otra vez estás equivocada. Yo soy la unidad y la armonía que buscas. Si quieres encontrarla, no busques en otra parte más que en mí.

–Pero, Señor, ¿y qué con los que acabo de mencionar?

–Ellos viven en mí y tú también vives en mí. ¿Comprendes?

–Sí.

El Señor es obstinado. Él en verdad quiere que baile con él.

8 de octubre (misa vespertina en Bon Secours)

Somos dos. En un verdadero espíritu de armonía.

–¿En realidad quieres que te siga como si estuvieras vivo?

–Sí. Estoy vivo.

–¿A dónde quieres llevarme?

–Eso no te concierne. Sígueme.

–De acuerdo.

10 de octubre (misa en la Ermita)

–Sígueme. Sígueme. Ven y baila conmigo.

–En realidad estás decidido a seducirnos, Señor.

–Puedo engañar a tu cuerpo y a tu mente, pero no puedo engañar a tu corazón. Ven y baila conmigo, de corazón a corazón.

11 de octubre (en casa)

Estoy planchando y los resultados no son precisamente impecables. De cierto modo, mi planchado es una imagen de lo que sé hacer, es decir, no sé hacer nada muy bien. Me desdigo. Pensándolo bien, parece que sé cómo hacer dos cosas bien: enseñar o dar conferencias, y tejer. El resto no es muy bueno. Y sin embargo el Señor viene a hablarme, a habitar en mí y a conducirme a lo desconocido. No tiene sentido. Se lo digo.

—¿Por qué yo? ¿Por qué estás tejiendo esta aventura entre nosotros dos? ¿Por qué? ¿Por qué? Dímelo.

—Porque te elegí a ti. Porque te necesito.

—¿Para ir a dónde?

—A lo desconocido. Ahí tienes. ¿Aceptas?

En la lavandería, al seguir haciendo mi mediocre trabajo de planchado, dejo que estas palabras se sumerjan en mí.

En realidad debería temer; por lo menos una parte de mí debería estar temerosa. De pronto me siento cercana a todos los que traicionaron a Jesús. Con frecuencia, con demasiada frecuencia (de hecho, desde que yo era niña) me pregunté por qué los discípulos de Jesús, que vieron sus milagros, que vivieron con él, que lo vieron caminar sobre el agua y multiplicar los panes, eran tan tercos, tan duros de corazón. Todas esas demostraciones ocurrieron frente a sus ojos, y sin embargo... Jesús me dio el increíble regalo de hablarme, de hacerme crecer. Y sin embargo, a pesar de todas estas pruebas, dudo...

—Ven y sígueme.

—Trataré. Pero tendrás que ayudarme. Mucho.

—Lo haré.

12 de octubre

Una llamada telefónica esta mañana. Pierre informa que un Compañero intentó suicidarse. Están tratando de revivirlo en el hospital. No me siento sorprendida en forma total. Hablamos ayer, sobre todo en la tarde, cuando me habló por teléfono, parecía tan deprimido que le sugerí regresar a la Ermita. Así lo hizo. No estábamos ahí y él tomó un frasco de pastillas.

Philippe me consuela, diciéndome que no es momento de pensar "qué pasaría si..."

Luego, a pesar de la tristeza que siento o, más bien, con ella, me viene una sensación de paz. No la pedí. Tan sólo la recibo. Esta tarde, durante la misa, aún no hay noticias del Compañero. Le hablo a Él:

—Eres tú quien me da esta paz, Señor.

—*Sí. Soy el impermeable. Ven y baila conmigo.*

—Esto es casi escandaloso, Señor. Me pides bailar contigo mientras un Compañero está en el hospital.

—*Ven y baila.*

Tengo mi cabeza entre las manos y al mismo tiempo siento una fuerza que atrae mi rostro hacia arriba con gran ternura. No puedo resistirme. Me siento feliz.

—¿Por qué, Señor? ¿Por qué esta paz?

—*Yo soy primero, y* luego *el Compañero.*

16 de octubre

Me escapo con Philippe a Túnez, por unos días.

Aterrizo en otro planeta, totalmente distinto del de los Compañeros. Otra vez me siento como la extranjera.

Por lo general tomo distancia del grupo, para estar sola y disfrutar del mar y del cielo.

Nos hablamos el uno al otro.

—Señor, ahora que tengo estas increíbles conversaciones contigo, ¿por qué no vienes y te sientas conmigo? ¿Por qué no te quedas conmigo un rato?

—*Después, Nicole, después. En mi eternidad.*

Pero yo no cedo.

—Pero... ¿por qué no ahora? Ya sabes que en verdad me gustaría tenerte a mi lado. Me encanta la forma en que me hablas. Así que podrías estar conmigo también y decirme a dónde me estás llevando, qué es lo que quieres de mí. Entonces todo estaría claro e iría.

—*No.*

—¿Por qué no?

—*No soy un oficial y tú no eres un soldado. Yo no te doy órdenes.*

—Casi preferiría que lo hicieras.

—*Lo sé.*

Dejo que estas palabras se hundan en lo profundo de mí.

—Lo que en realidad quieres es *una relación*. Eso es todo.

—*Nicole, yo estoy* vivo.

20 de octubre (la Comunidad)

De vuelta con los Compañeros. Toda clase de pequeños problemas y tensiones. Otro intento de suicidio, y aquí estoy otra vez en medio de este "bazar" donde todo ocurre tan rápido. Pierre está exhausto pero sigue sonriendo. Somos treinta, y además de eso, durante el día Pierre se encarga de la gente de la calle, dándoles una comida a cambio de un poco de trabajo en el lugar.

Me siento débil.

—Nos agotaremos, Señor.

—*No.*

Después, en la misa, después de la Eucaristía. La imagen de una cuesta en las montañas. El Señor camina frente a nosotros.

—Te pareces a Philippe, Señor.

—*Sí.*

En las montañas, caminando tras Philippe, sé que nada me pasará. Es mucho más fuerte que yo, y su paso lento y seguro me da confianza.

—¿Qué es lo que quieres que comprenda?

—*Estoy despejando el camino para que no sea difícil para ti. Déjame caminar muy adelante de ti.*

—Si es muy difícil, ¿me cargarás?

—*Sí.*

21 de octubre

Estamos de vuelta en la capilla con Pierre. Tenemos una conversación seria con alguien del personal que no está haciendo su trabajo y que demuestra ser un elemento destructivo en la Comunidad.

Pierre reza. Yo hablo con el Señor.

—Señor, lo que estamos a punto de hacer no es fácil.

—*Sí, lo sé.*

En alguna parte de mí me siento en paz. Pero también siento tensión e incomodidad. Eso me abruma.

–*No me llevaré la incomodidad y la dificultad, Nicole. Llevaré mi paz a ellas. Déjame caminar adelante de ti.*

–De acuerdo, Señor.

Pierre abre la Biblia en dos textos que tratan de los falsos profetas. Ahora estamos armados para la batalla.

Siento que el corazón me palpita aun antes de abrir la boca durante la entrevista. Digo lo que tengo que decir a la persona que es responsable de la Comunidad. Soy firme y decidida. Tengo que serlo. Pero al mismo tiempo tengo compasión por este hombre que no ha cumplido con lo que debe hacer y que nos critica a nuestras espaldas. Todo funciona bien, o por lo menos todo lo bien que podría esperarse. La falsedad se ha desenmascarado, y se ha restaurado un cierto nivel de paz.

El Señor me ayudó a no ser grosera y a sentar mis propias cuentas. Hablando desde el punto de vista humano, hubiera estado perfectamente en mi derecho de ser así. Pero puesto que pongo sus intereses por delante de los míos, Jesús me da en vez de eso compasión. Yo no tuve nada que ver con eso. Fue Jesús.

Habrá otros momentos difíciles, de eso estoy segura. Pero esa noche, durante la misa, agradezco al Señor. Hay una canción en mi corazón. Una reunión de plegarias con un grupo de hermanas. En general, el Señor en verdad me mima y el espíritu respira al hacer uso de mí. Esta noche, la imagen es de una escalera.

Le hablo:

–Señor, esta noche estoy exhausta y vacía. Además, la imagen que tengo esta noche debe provenir de mí, porque es lo que pasamos Pierre y yo este día.

–*Háblales acerca de esto, Nicole.*

–¿En realidad quieres que se los diga?

–*Sí.*

Dudo un poco, porque esta noche en verdad preferiría ser llevada junto con los demás, dejar que Pierre dirigiera y que yo tan sólo lo siguiera.

–*Cuéntales acerca de eso.*

Hablo. Les digo que no tenemos que preocuparnos acerca de toda la escalera sino de cada escalón por separado. Cuando sea necesario, Jesús esperará en un escalón con nosotros, nos ayudará a elevarnos al siguiente, nos cargará al tercero. Nuestros asuntos, nuestro trabajo es el escalón. El Señor se encarga de *toda* la escalera. Nosotros tenemos nuestro propio papel que jugar.

Una pequeña flor del Señor al terminarse la reunión de plegarias: las hermanas atestiguan que es en realidad el espíritu quien habló a través de este mensaje.

Una hermana anciana, al salir, me toma la mano y, sosteniéndola entre las suyas, me dice como si fuese una Madre Superiora:

–No te atribules. Es el Espíritu quien me está hablando a través de ti.

23 de octubre (misa en la capilla)

Gran reposo. Me siento muy descansada, y tengo la impresión de dejarme sumergir en un luminoso océano negro. Es pacífico y me siento muy presente pero también mareada. Parezco estar muy distante, y sin embargo muy cercana a las personas que están participando en la Eucaristía. Cuando viene el momento para la señal de paz, estoy tan sepultada en el Señor que apenas puedo alzar mi cabeza. Pierre parece transformado, como si fuese otro. Su rostro es el mismo porque lo reconozco, y sin embargo parece distinto por completo. Esto no me molesta; justo al contrario. Es un poco como si su rostro fuera lavado de toda traza humana, se hiciera más luminoso y menos delineado. ¿Ésa es la forma en que veremos la eternidad? Quizá.

–Gracias por darnos una probada de todo esto, Jesús. Gracias.

Y después:

–Tú me das fuerza. Tengo la impresión de que la necesitaremos. Gracias.

Vacaciones de todos los santos con la familia

En el coche que me lleva a mí y a otros siete niños a Batz-sur-mer, agradezco al Señor por esta semana de descanso que nos espera y por las pequeñas voces que hablan a mis espaldas. Soy mimada. El Señor me da una imagen, una imagen peculiar. Es de un recipiente, lleno a rebosar, con budín, como si alguien hubiera exagerado con la receta.

–Dime, por qué me has dado una imagen tan peculiar, Señor.

–Yo soy el budín. Si te sumerges en mí, rebosaré sin que tú necesites hacer nada. No hagas nada. Déjalo ser.

28 y 29 de octubre (sola en la iglesia de Batz-sur-mer)

Medito acerca de la imagen del budín rebozado.

–Sabes, Señor, me es difícil aceptar este "no hagas nada". Me siento como si estuviera a miles de kilómetros de distancia de ti. Tu inmenso amor que siento hoy es infinito. ¿Cómo puede tu omnipotencia necesitar de mi colaboración? Tú, el todopoderoso; yo, no sólo pequeña sino que en cierto sentido no soy nada. Y hete aquí, ¡pidiéndome que haga el budín junto contigo! Tienes que admitir que esto no es propio. ¡Es ridículo!

–Sí, lo sé.

–Pareces un poco triste.

–Sí.

Unos momentos después:

–¿Sabes qué, Señor? En verdad creo que hay algo imposible acerca de la ruta que le propusiste a mis amigos. No es tan sorprendente que no te sigan muchos.

–Mis palabras fueron distorsionadas, Nicole. Ya te he dicho eso.

–Sabes, en mi interior empiezo a entender tu secreto. Es acerca del corazón a corazón. Pero es tan inquietante. Tengo la impresión de que soy como una cebolla y que tú me estás quitando una capa detrás de la otra. ¿Qué quedará de ella?

–Tú. De cualquier modo, cada vez que quito una capa, te visto otra vez con mi túnica.

Reflexiono sobre lo que ha dicho. Es verdad. No sería sincera conmigo misma si pensara de otro modo. Cada vez que tuve miedo y di este temor al Señor para encontrar de nuevo la paz, *él me dio paz*. Me vienen a la mente toda clase de ejemplos. Es verdad, lloré con frecuencia, y a veces lloré en mi interior cuando me quedé con Françoise cuando ella moría, o cuando recé por Jean-Marie.

Y tú, Señor, me diste a Bernard para que confiara en mí cuando yo ya estaba a punto de rendirme. Me diste la sonrisa de Cécile y su ayuda cuando me sentía tan mal con ella. Todos aquellos con los que sufrí y por los que sufrí están contigo y conmigo, como si estuviéramos soldados. Es verdad.

Y después:

–¿Qué es lo que quieres que haga?

–Intercede.

–¿Como Thérèse me dijo que lo hiciera?

–Sí.

Y, de hecho, por la noche, antes de irme a dormir o cuando me despierto en la noche, confío al Señor las intenciones que las personas me dieron.

–No te preocupes, Jesús. Trataré.

1º de noviembre (misa en la iglesia, Batz-sur-mer)

Nuestro grupo creció a quince hace dos días, y esta noche, sin discutir, fuimos todos a la iglesia.

Los niños están aquí con sus amigos. Son todos distintos y algunos de ellos apenas iban a misa, pero están aquí. Mi corazón se llena de gozo durante la misa. Martine, una amiga, está junto a mí. No hablamos, pero sé que nosotros tres estamos unidos.

–Gracias por Martine, por los niños, por estas vacaciones.

Hay algo conmovedor acerca de este grupo pequeño y extraño. Estos días han quedado marcados por un mayor sentido de paz y felicidad.

Es difícil olvidar a los pequeños, o a los adultos, que están sentados en las dos bancas que se hallan tras nosotros. Y apenas puedo evitar reírme cuando Benoît, quien está recolectando las limosnas, arma una escena y me acusa en público de poner dinero "turco" en la canasta de las limosnas. De hecho, por error saqué de mi bolsa unas monedas tunecinas.

Después de la Comunión trato de acercarme a Jesús y estar en silencio. Es un poco difícil.

—Haré cosas maravillosas a través de ti.

Unos momentos después:

—¿Me vas a pedir otra vez que lo deje ser?

—Sí.

Y un poco después:

—Déjalo ser. Sé ligera, como una gaviota.

—¿Ligera?

—Sí, ligera. No abrumes a otros y no trates de controlarlos demasiado. Sé ligera; no indiferente, sino ligera.

—¿Por qué?

—Porque la ligereza me permite pasar a través de ti. Yo me haré cargo. Yo llevaré la carga. Tu ligereza me señalará y me revelará.

De vuelta en la capilla

El Señor viene y se sienta junto a nosotros.

—Tómame de la mano.

Poco después tengo la imagen de dos manos entrelazadas. La imagen es intensa. ¿Es algo que he soñado? Espero. La confirmación viene de Pierre. "Gracias por amarnos", dice. Después de la Consagración, Jesús nos aclara su significado:

—Caminen conmigo. Vayan hacia adelante. Vayan hacia adelante como si fueran amantes.

—Por favor, prosigue. Explícalo más.

—Sin preocupaciones, ambos de corazón ligero, como amantes.

Misa en la capilla, Compañeros y amigos

Hoy me es difícil, casi doloroso, sumergirme en el Señor.

Me siento alejada de ti, Señor.

Silencio.

—Cuanta mediocridad hubo hoy, Señor.

—Dámela.

—Tómala, Señor. Parece que es todo lo que puedo ofrecerte. Está muy maltratado, ¿verdad?

Me siento infeliz y en verdad miserable.

Y entonces, en el mismo momento en que digo esas palabras, me siento invadida por una paz pesada y brutal. Me siento arrastrada al suelo. A mi alrededor oigo voces que me dan gracias por estas palabras. Las alabanzas ascienden desde sus corazones mientras que yo me entierro en una especie de nube espesa. Me siento entre dos mundos. Mi corazón adquiere la calidez de las alabanzas.

–Escucha, Señor, recíbelo. Suplican por ti.

En el camino a la Ermita

Estoy sola. Y así hablamos o, más bien, yo hablo y él escucha. Hoy mis palabras son terriblemente comunes, poco más que "gracias" y "te amo".

Antes de llegar a la granja paso por una zona boscosa. Los colores son magníficos, variados y resplandecientes. Tengo la impresión de que los estoy viendo por primera vez.

–Es como mi reino, Nicole.

–¿Tu reino?

–Mi reino invisible. Apenas comienzas a descubrirlo. Será así de hermoso y variado.

11

Como Yo, desarmado, vulnerable, pequeño

7 de noviembre de 1986 (en camino a Roma)

Philippe y Thierry acaban de dejarme. Llevo sus dos hermosas sonrisas conmigo hacia la plataforma del tren.

Mientras estuve en un minirretiro en Saint-Benoît-sur-Loire, durante uno de mis periodos de meditación se me ocurrió la idea de enviar mi pequeño cuaderno a un amigo de la familia que es cercano al Papa.

–Mi tío Pierre, un monje en Saint-Benoît, me dijo: "Adelante". No me parece mala idea.

De modo que mandé mi cuaderno a Roma. El mismo día de mi cumpleaños nuestro amigo nos habló para decirme que le gustaría reunirse conmigo. Eran las diez de la noche, y me era difícil entenderlo porque la línea telefónica estaba muy mal. ¡En cierto punto pensé que era uno de los Compañeros y casi me enojé con él!

Varios días después, en la Nunciatura Apostólica de París, me reuní con él y descubrí a un gran hombre de Dios. Me sorprendí por su aguda inteligencia, por la forma en que me escuchó, por su amor por María y, sobre todo, por su humildad. Yo temía que me reuniría con un dignatario eclesiástico que me aconsejaría cuidar de mis hijos y mi marido, y tener cuidado con cierto tipo de misticismo. Al contrario, me reuní con un hermano. Fue atento, amable y gozó de escucharme. En muy poco tiempo estábamos en el núcleo de las cosas: María, el Papa, la importancia del matrimonio... y la pregunta que para mí era la central:

–¿Cómo te las arreglas para tener las dos cosas juntas?

Sintiendo mi incomprensión, me explicó:

–¿Cómo unes el violento mundo de los Compañeros y el de tu familia?

Se lo digo. Escucha con los ojos cerrados y comprende. Él comprende todo: lo que se arriesga al mantener un equilibrio, las dificultades, mi entusiasmo de continuar porque, con Pierre y con las plegarias, estoy armada.

–Continúa –me dice–. Al igual que el Papa, tú no temes. Prosigue.

Pasa la hora. Debo irme. Me devuelve mi tesoro.

–Ven a Roma. Me gustaría que el Papa te diera su bendición personal. Ven cuando quieras.

De modo que estoy aquí en el tren hacia Roma. Yo no planeé esto. Yo no pedí nada. En mi cabeza suenan las palabras del Señor: *"Haré de ti una reina"*. Y al mismo tiempo recuerdo el consejo de Pierre: "Pequeña sirviente. Siempre sé una pequeña sirviente". Ambos al mismo tiempo. Mi cabeza y mi corazón están llenas de aquellos que me han conducido a esta felicidad. Mi abuela, mi padre, que un día en que sufrí una gran derrota me dijo que le rezara a María, el tío Paul, el tío André, el tío Pierre... y ahora Bernard y Pierre.

¡Qué faros! ¡Qué estrechamente estamos unidos! Todos ustedes están vivos y presentes en mi corazón, y apartaré unos momentos para rezar con ustedes y para ustedes.

9 de noviembre (Roma)

Se me invitó a misa en la capilla privada de mi amigo. Somos tres personas. Es muy simple. Aun cuando estoy en un palacio que aloja a varios cardenales, aun cuando me hallo lejos de los cielos abiertos de Beauce, esta capilla es tan similar a la nuestra que me siento en casa. Es pequeña y simple. Es la familia que comparece ante el Señor.

Antes de irme a dormir agradezco al Señor por mimarme de este modo. Confío a sus cuidados a este hermano mayor con el que he podido compartir las plegarias y la vida diaria en forma tan profunda.

–*Sigue siendo pequeña* –me dice Jesús al día siguiente.

–Sí, Señor, pero sabes... ¡No podré evitar sentirme orgullosa!

–*Pequeña, Nicole*, pequeña.

–Te tengo a ti, al Hijo de Dios, como amigo. Llevo adentro de mí a todos los que me has dado. Y pasado mañana veré al Papa. ¿Cómo puedo evitar sentirme orgullosa?

–*Orgullosa, pero pequeña.*

–¿Por qué eres tan insistente?

–*Para que me dejes caminar muy adelante de ti.*

10 y 11 de noviembre (Roma)

Voy a ver al Papa... Voy a ver al Papa.

Ese tonto estribillo pasa por mi cabeza, llevándome al momento en mi infancia cuando me sentía con ganas de cantar una pequeña tonada una y otra vez y bailar con la tonada.

Parece como si fuera otra vez esa pequeña niña, y sin embargo... siento que hay algo que no está muy bien entre Jesús y yo.

Al ir de iglesia a iglesia, me detengo con frecuencia a rezar, desde luego. Y cada vez parece como si Jesús repitiera las mismas palabras: "*Sé pequeña*".

Es casi una obsesión. En el apiñado autobús en el que viajo, le digo:

–Eres tan insistente que me haces sentir incómoda.

Él no responde

Insisto.

–¿Qué sucede, Jesús? Pareces estar triste. Dime por qué.

–*Llévame contigo.*

–¿Qué? Eso es un poco fuerte. Estoy yendo a tu misma casa.

–*Yo no tengo una casa. Llévame contigo.*

Estoy azorada. Silencio.

–¿Te sientes ofendido?

–*Sí.*

Quiero discutir con él, asegurarle mi buena fe y de pronto me doy cuenta de que eso sería inútil.

Obrando por completo de buena fe, simplemente me he olvidado de él. Como una niña a la que siguen, él tuvo que recordarme que estaba ahí. Todo es un caos. ¡Yo soy la que estoy llevando a Jesús conmigo para ver al Papa!

Estoy muy confundida. Espero hasta sentirme calmada antes de prometerle:

—Te llevaré conmigo. Lo prometo.

12 de noviembre (Roma)

Lo prometí y así lo hago. Él está a mi lado al entrar a la sala de audiencias.

Gracias a mi amigo, yo estaba en la primera fila y podría ver al Papa de cerca. La presencia y poder de este hombre son asombrosos.

—Señor, vigílalo, vístelo, habita en él.

Prácticamente ésa fue mi única plegaria.

Cuando Juan Pablo se me acercó y me miró durante unos segundos antes de bendecirme, lo que vi fue la mirada de un hombre que fue, y que está siendo, crucificado. Sí, este hombre ya fue crucificado. Fui literalmente tragada por su mirada, una mirada tan profunda que parecía provenir de algún lugar lejano y está llena de ternura, que era intensa y directa.

Sigue, Padre. Aun cuando estés sólo y todo mundo esté contra ti, sigue.

Hay tanta soledad en este hombre.

Recé por este hombre, Juan Pablo II, pidiendo a Jesús que venga y que habite en su soledad.

13 de noviembre (Roma)

Un día de compras en Roma.

La felicidad de ayer llena mi día.

Viernes, 14 de noviembre (Roma)

Anoche y todo el día de hoy fueron tumultuosos. Me siento como si me hubieran derribado en un encuentro de boxeo. No hay otra forma de describirlo.

Cada mañana me levanto muy temprano para ir a misa. Hasta ahora, siempre experimenté la misma sensación de felicidad que siento cuando voy a misa con los Compañeros. Pero esta mañana me sentí abrumada por una sensación de pesadez. No hay ninguna razón para esto. Durante la misa conozco el goce del encuentro, pero al mismo tiempo siento una carga tan pesada que me salen las lágrimas de los ojos. No puedo hacer nada por detenerlas, estas lágrimas de tristeza. La sensación dura toda la mañana y me debo hacer algunas preguntas. Eso no es normal porque no hay en absoluto ninguna razón para estar triste. Más bien al contrario. Todo me hace feliz por una razón o por otra: todo lo que estoy experimentando aquí, a la gente que llevo en el corazón, la libertad del tiempo y del espacio que se me ha dado. Y sin embargo...

Exhausta de luchar contra lágrimas cuyo origen no conozco, pero que apenas puedo contener en presencia de otros, me retiro a mi habitación y las dejo fluir. Se derraman. Me siento totalmente desolada.

Trato de descansar y dormir un poco pero, antes de hacerlo, hablo con él.

–Señor, no entiendo nada, y eso lo hace muy difícil. Si supiera por qué, o quizá si supiera cómo llamar a esta depresión desconocida, podría manejarla. Pero no lo sé.

No hay respuesta.

–De acuerdo. Pongo mi corazón junto al tuyo. Protégeme, porque soy débil e ignorante. Si es el maligno el que me atribula, protégeme.

Lloro hasta quedarme dormida.

Me despierto una hora después. La tempestad ha pasado. Me siento más ligera.

Luego de tomarme con calma el tiempo para escribir algunas cartas y tarjetas, bajo a la capilla.

–Ya estoy mejor, Señor. Pero en verdad no entiendo lo que me ocurrió.

—Pasaste por una pequeña parte de la noche; cargaste una parte de mi cruz.

—¿Eres tú, *tú, Jesús*, el que me envía esto?

—Nicole, Nicole...

—Pero ponte en mi lugar.

—Nicole, yo te estoy dando forma. *Tienes que saber, que experimentar también esta parte de mi reino.*

Permito que estas palabras entren en mí. Esto es algo nuevo. No es fácil, y hago lo mejor que puedo para discernir si es él o mi imaginación. Al final logro sonreír. La pequeña lámpara encendida junto al tabernáculo me hace entrar en calor.

—Te seguiré, Señor. Te seguiré.

—Después de todo no fue tan difícil, ni tan pesado. ¿No puedes ver lo cerca que estoy de ti?

Un pequeño toque de sentido del humor por parte del Señor.

19 de noviembre (de vuelta en casa, la pequeña capilla, Eucaristía)

No me es fácil situarme en presencia del Señor otra vez. Mi cabeza nada entre imágenes e impresiones de Roma, y en especial en la fuerza que por fortuna pude extraer. La siento dentro de mí. Es algo que sube y me habita.

—Señor, me siento distante y vacía, un poco como una extranjera. No me siento lista. Ven.

Silencio, Jesús no se intimida. No puedo llamarlo. No hay un botón de llamada. Él es, y es amable, y deambulo a su alrededor, pero sé que está aquí y muy vivo.

—De todos modos, ven y habla conmigo. Sabes lo mucho que necesito oírte. Ven.

Silencio.

Después de la Consagración:

—Haz un espacio para mí. Tu casa está demasiado llena.

—¿A qué te refieres?

—Hay demasiados muebles en el recinto que apartaste para mí.

Cuando dices recinto, ¿te refieres a nuestros corazones?

—*Sí.*

—¿Qué quieres que hagamos?

—*Quita lo que no es absolutamente necesario. Entonces yo me sentiré más cómodo al estar contigo. Dame mucho espacio.*

—¿Quitar? De acuerdo, ¿pero qué?

—*Tus pendientes, tus preocupaciones inútiles. No te cargues demasiado.*

Es difícil desechar mis preocupaciones. Lo intento. Poco después.

—*Nicole, yo nací en un establo.*

¡En un establo!...

20 de noviembre (en el pueblo)

Durante los últimos días me he estado preguntando y meditando acerca del "distanciamiento". Mi amigo, que fue tan gentil conmigo en Roma, habló acerca de esto durante una de las misas en su pequeña capilla y he pensado acerca de esto desde entonces. Me parece desconcertante. En Roma yo le dije al Señor:

—Cuando quieras, ¿me lo explicarás?

—*Sí.*

Hoy, al caminar a los Secours Catholique, él esclarece lo que significa.

—*De nuevo, Nicole, no es algo negativo.*

—Tienes razón. Otra vez tenía la impresión de que era algo negativo... que distanciarse es de algún modo amar menos. Pero el hecho es que tú me das las personas que amo y que me aman.

—*Sé como el Papa.*

—¡Ah!... ¿El Papa?

—*Sí. Él tiene los brazos abiertos. Debes ser como él.*

—¿Eso es distanciamiento?

—*Sí.*

—¿A qué te refieres?

—*Ama, Nicole, ama* a todos *los que te doy. Ama. Pero no te aferres a ninguno de ellos, por separado o juntos.*

—¿Por qué no?

—*Si lo hicieras, no podría yo darte a nadie más. No me dejaría suficiente espacio.*

—Comprendo. ¿Tienes algo más que decirme?

—Sí. Si haces esto, yo amaré en ti.

—¿Cómo podrás hacerlo?

—Los inscribiré en tu corazón. Los amaré en ti. No sólo no me los llevaré, sino que los inscribiré en ti. ¿Comprendes?

—Sí.

Oh sí, no sólo lo comprendo, sino que se me ha reconfortado y se me ha dado una señal de aprecio. *Los inscribiré en ti.* ¿Quién soy yo para que Jesús venga y haga esto en mí? ¿Quién soy yo? Estoy literalmente inundada de felicidad. Siento ganas de llorar, de gritar gracias, pero todo lo que puedo hacer es decirle en voz baja:

—Gracias. Gracias. Adelante, inscríbelos en mí.

"Abandónate", me dijo mi hermano en Roma. Me fui cargando esta palabra como una niña que carga su tesoro.

Y en este preciso momento, me abandono.

22 de noviembre

La dulzura de Jesús acariciándome la mejilla después de la Eucaristía.

—No hagas ningún plan. Yo me encargaré de todo.

23 de noviembre (la capilla, en el pueblo)

El Apocalipsis de San Juan.

Pierre enfatiza que somos los elegidos. Me molesta la palabra *irreprochable.*

—Señor, nos has elegido, pero estoy lejos de ser irreprochable.

Después de la Consagración, me da una explicación:

—La mujer del Evangelio, aquella que te da lo que es esencial. ¡Sé como ella!

Medito acerca de esto, pero no veo la relación con la palabra *irreprochable.*

—Quieres darme lo que es esencial. ¿Y en realidad quieres la esencia de lo que soy yo?

—Sí, todo. Lo bueno y lo no tan bueno. Todo.

—En lo que se refiere a lo bueno, Señor, sabes que no soy estúpida, que hice algunos estudios avanzados y que soy una buena maestra. A veces es un poco difícil renunciar a eso para cuidar de treinta tipos que vienen de la calle. ¿Es eso lo esencial que tú quieres?

—Sí. Tus cualidades, tu inteligencia, pero también tus debilidades y deficiencias. Dámelas todas.

—Jesús, sabes que no me va tan mal con los talentos que me diste.

—Haré algo mejor que eso. ¿Acaso no crees que me las podré ingeniar tan bien como tú?

—Desde luego. Pero ¿qué con la parte que no es tan buena, las limitaciones, las deficiencias?

—En ese caso haré lo que tú no puedes hacer.

—Tienes una respuesta para todo. Siempre me acorralas.

—No, no te acorralo; te pongo en tu curso.

El Señor ya no está distante de mí, pero se me muestra de un modo distinto.

Misa con los Compañeros

—Construyo un muro para protegerte. Yo mismo soy este muro, dentro de ti y alrededor de ti.

8 de diciembre (misa con los Compañeros)

—Tómame como tu protector. Desde las mismas profundidades de tu ser.

9 de diciembre (rezos con las hermanas Bon Secours)

Me es difícil situarme en la presencia del Señor. Poco después, le hablo.

—Haz uso de mí si me necesitas.

Trato de hacerme pequeña. Dentro de mí surgen varias palabras.

—Déjenlo ser —me dice Jesús—. *Diles eso.*

No recuerdo todas las palabras porque no vinieron de mí. Tengo una muy fuerte impresión de que el Señor está hablando a una o a otra de las hermanas. Es como si yo fuera sólo un conducto. Siento algo dentro que me obliga a decir:

—Vayan, vayan hacia sus hermanos. No traten de evitarlo. Las he puesto donde ustedes pertenecen.

Siento en mi cuerpo que estas palabras están destinadas a alguien del grupo. No trato de descubrir a quien. Ése es asunto del Señor, no mío.

Un poco después viene a mí otra frase:

—Desarmados, vulnerables, pequeños. Ésa es la forma en que ustedes deben ir hacia sus hermanos. Como yo, desarmado, vulnerable, pequeño.

10 de diciembre (misa en la capilla de los Compañeros)

Debo admitir que estoy un poco decepcionada de que ya no experimento la profunda interioridad de las conversaciones de los meses anteriores.

—Señor, no me abandones. Necesito escucharte.

—Ya te he dicho tantas cosas, Nicole. Debes vivir lo que te ayudé a descubrir.

—Pero tengo miedo.

—Sí, lo sé. Me doy cuenta.

Después:

—¿En verdad crees que podría engañarte? No temas. No dudes.

11 de diciembre (misa en la capilla)

—Debes ser de corazón ligero, espontánea.

—Eso es un poco difícil justo ahora, Señor.

—Quiero que todos ustedes sean ligeros. Vengan y abrácenme del cuello como si fueran niños. Yo los cargaré.

11 de diciembre (misa en la capilla)

—Debes ser pequeña, abandonarte a ti misma.

—Estoy tratando.

—Te usaré como un conducto. No te pongas en el camino.

—Tengo miedo. Lo que tenemos que vivir es tan demencial.

—No te pongas en el camino. No temas.

Luego me pide decir:

—No teman. No traten de hacer toda clase de preparativos para lo que les espera, para el mañana. Yo les daré la fuerza que necesitan cuando la necesiten.

Fin de diciembre

Los días pasan, rápido y con plenitud. Al acercarse la Navidad siempre siento una felicidad muy especial. Esta felicidad se me da todos los años, y estoy feliz de correr de aquí para allá en busca de algo que le guste a esta persona o a esta otra.

Siento que el Señor me cuida.

Esos notables momentos de intimidad con el Señor aún no han desaparecido, pero parecen haber cambiado de algún modo. Durante la Eucaristía, el Señor está cerca de mí, ciertamente, pero ya no experimento los momentos en que el tiempo y el espacio se suspenden por momentos. Tengo que admitir que extraño esos momentos intensos, pero no trato de inventarlos o "quererlos". En el fondo de mí hay una sensación de bienestar y de sentirme rodeada por la ternura de Dios sin perder nada de mi propia personalidad. Es como si todo lo que buscaba, en forma consciente o no, se realizara. Lo fantástico de todos esos momentos que experimenté fue sentir que estuve en los brazos de Jesús, y al mismo tiempo más cercana que nunca a aquellos que amo. No me retiro de ellos. Ellos están conmigo *en forma natural.*

¿Y por qué habría de querer algo más que esto?

Tú vienes cuando así lo quieres, ¿verdad? Mi amigo en Roma me dijo que me abandonara. Pierre con frecuencia me recuerda que debo ser pequeña. De modo que trato.

Un viaje de un día a Paray-le-Monial en respuesta a las solicitudes de las hermanas del Cenáculo para hablar acerca de nuestro compromiso con los pobres. Cuánta felicidad fue volver a ver la sonrisa de Jeanne. Hablé con las hermanas acerca del modo en que Jesús cuida de mí y de nosotros. Traté de ser lo más sincera y directa posible. Aun sin tratar de ser alguien que no soy, descubro que no es fácil hablar acerca de nuestra vida. Tengo la impresión de que siempre que trato de hablar o de explicar de qué se trata, monopolizo a Jesús o trato de convertirlo en algo que no es. Trato de evitar este tipo de distorsión hablando de la experiencia en mi propia vida. Aquellos que me escuchan, así como aquellos que lean este pequeño cuaderno, sabrán lo que viene de mí y lo que viene de él.

Misa en la capilla de los Compañeros

–No te esfuerces. Acepta con simplicidad todo lo que te he dado para vivir. No fuerces nada. Yo me encargaré del resto.

Navidad (Rambouillet, misa)

Cuando estoy en medio de una reunión que es algo agitada y poco conocida, me es difícil permitir que el Señor entre profundamente en mí. Se lo digo.

–Ya sabes, es difícil dejarlo ser, regresar a ti.

–Sí, lo sé.

Siento su presencia. Él está aquí, vivo. Se parece a un hermano mayor que quiere que camine por mi cuenta, pero que también quiere protegerme. Él me vigila. Durante la Consagración, consigo decirle con sinceridad:

–Haz conmigo lo que desees. Yo seré tu seguidora.

Se lo digo con todo mi ser: con la cabeza, con el corazón, con el cuerpo.

Poco después:

–Señor, soy sincera por completo. Sabes que lo soy. Lo que acabo de decir no se debe a un arranque sentimental... Pero yo no soy más fuerte que San Pedro, ya lo sabes. Tendrás que ayudarme si alguna vez te dejo.

–No te preocupes. Yo iré en pos de ti y te tomaré de la manga.

Navidad

Los Compañeros están aquí, alrededor de la mesa. Pierre está con ellos. Reina la paz, pero casi nadie habla. Ésa es una navidad sin esposa, sin hijos, sin familia. Estoy segura en absoluto de que el niño que nació en un establo y murió en una cruz es uno de ellos, que él vino de ellos.

–Señor, te suplico enviar cosechadores. Envíanos más Pierres, Bernards, Jean-Jacques. Mándanos más, si eso te place.

Después de Navidad

El ritmo de mi vida es más bien frenético y roto. Los niños están de vacaciones. Tengo gripe. Y luego Philippe también se enferma de gripe. Estoy exhausta y me cuesta mucho trabajo continuar. Al no sentir la presencia del Señor con la misma intensidad que hace un año, me siento triste.

Sé que está aquí, en especial durante la Eucaristía. Prometí ser pequeña y abandonarme. De modo que trataré de no estar triste.

Tengo la impresión de que estoy viviendo una especie de "intermedio", tanto en mi alma como también con los Compañeros. Lo estamos dejando ser.

12

Mi Padre vendrá a visitarte

10 de enero, 1987 (misa en la capilla)

Una vez más estoy ante la presencia del Señor. Pierre, un Compañero, Bernardette y yo.

Comparezco ante él de nuevo y le digo:

–Como lo desees, cuando lo desees. No te pido nada.

Unos momentos después estoy sumergida de manera literal en su presencia. Es interminablemente larga y profunda. Ahora me siento reconfortada.

Escucho:

–Pequeña niña, pequeña niña... pequeña hermana, pequeña hermana.

Las palabras me abruman con su ternura y amor. Luego tengo la imagen del Señor caminando frente a mí como un hermano mayor, mientras que yo corro tras él, tratando de alcanzarlo.

–No te esfuerces tanto. ¿Por qué corres así?

–Para alcanzarte.

–No te preocupes. Cuidaré de ti como un hermano mayor. Te esperaré. No corras tanto. No fuerces las cosas.

11 de enero (misa en la capilla)

–Aquí estoy en tu presencia. Soy pequeña, como quieres que sea.

–No te preocupes.

Después de la Comunión:

–Yo soy la luz. Viaja a través de gruesas capas de oscuridad para llegar hasta ti. Sólo recibes una parte de ella. Eso es suficiente.

La imagen me es muy clara. Es como si la luz de un proyector muy potente tuviera que cortar gruesas capas de oscuridad para poder llegar hasta nosotros.

–¿Qué son estas gruesas capas, Señor?

–Te lo diré mañana.

12 de enero (misa en la oficina de Pierre)

Hace tanto frío en la capilla que debemos refugiarnos en la oficina de Pierre.

Pierre está agotado, vacío. Ha estado escuchando a un amigo que llegó del extranjero y no dejó de hablar. Pierre sonríe, pero veo una profunda fatiga en su rostro.

¡Uff! Es hora de la misa. Por fin podremos descansar con él.

–Señor, hay penar en mi corazón por Pierre, pero aquí me tienes, y estamos todos en tu presencia. Me siento cansada, casi exhausta y esta noche no tengo mucha energía. Ven.

Trato de sumergirme en su presencia y en el descanso que nos ofrece.

Después de la Comunión:

–¿Qué son esas gruesas capas, Señor? Dijiste que hoy me dirías algo acerca de eso.

–Son el mundo brutal y violento que tú no comprendes. Son la pobreza indecible, la tentación de un Compañero de suicidarse la semana pasada, la enfermedad mental de Olivier, la enfermedad de Pierre... Yo no te quitaré esas cosas.

–Sería tan simple si me explicaras por qué ocurren estas cosas.

–No. Si tú pudieras entender todo esto, serías una pequeña diosa. Y yo no necesito tener una.

–¿Entonces qué necesitas?

–Tu regalo. *Ayer te dije que tienes suficiente luz para elevarte sobre esas gruesas capas. A pesar de estas capas, y con ellas, dame tu amor. Salta sobre ellas.*

Después de unos momentos de silencio:

–Señor, lo que quieres es una relación, ¿verdad?

—Sí.

Hay una cierta fatiga en sus ojos.

13 de enero (misa en la capilla)

Una imagen, una imagen muy intensa, de dos puntos de luz que se intersecan. Uno de los puntos, el más fuerte, es el del Señor; el más débil es el nuestro. Cuando se intersecan, saltan chispas y luego caen.

—No te preocupes de lo que pueda resultar de nuestro encuentro. La luz y las chispas se posarán en lugares que no puedes imaginar. No te preocupes por eso.

14 de enero (misa en la capilla)

Escucho desde el mismo inicio de la misa:

—Mi amor, mi amor, mi niña.

Es abrumador.

—Dame alguna señal, cualquier señal, de que no estoy imaginando estas palabras. Por favor.

Mi vecino lee el texto del día, de la Carta a los Hebreos:

"Por lo tanto, como lo dice el Espíritu Santo: 'Hoy, si escuchan su voz, no endurezcan sus corazones como en la rebelión'".

16 de enero y los días siguientes

Tengo la sensación de que debo poner en práctica e integrar todo lo que el Señor me rebeló antes, pero aún no puedo evitar decirle lo mucho que lo extraño. No está menos presente sólo porque lo sienta menos. No, no es eso. Es sólo que nuestros encuentros eran tan buenos y tan poderosos. Él se halla aquí y está vivo. Lo sé.

—Como lo desees, cuando lo desees. Pero si vinieras a visitarme como antes lo hacías, Señor, eso sería maravilloso.

A veces su única respuesta fue:

—Ya te he dado mucho.

Y:

—Estoy aquí.

La otra tarde fue distinto. Meditaba acerca del abandono, de la humildad.

–Entra al recinto con la cabeza en alto.

–¿Qué tiene que ver eso con la humildad, Señor?

–Entra en mi humildad como si entraras a un recinto, con tus hombros erguidos y tu cabeza en alto.

Creo que comprendo por qué Jesús me dice eso. Me niego a creer (o quizá no puedo creer, no lo sé) que la humildad significa inclinarse y reducirse, o por lo menos pensar que deberías hacerlo.

–Tenemos que entrar en tu humildad erguidos.

–Sí.

No comprendo muy bien qué quiere decir con lo del "recinto", pero me lo explicará mañana.

Al día siguiente, durante la misa con los Compañeros

–Señor, ¿me lo explicarás?

Unos momentos después veo un recinto lleno con una gruesa niebla o con algodón. Está en todas partes.

–Camina hacia mí; acércate.

–¿Estás al otro lado del recinto?

–No sólo ahí. Soy también esta sustancia que te rodea. Sumérgete en ella.

–¿Y qué con la humildad?

–Eso es lo que es la humildad, sumergirte en mí.

En varias ocasiones, en días subsiguientes, casi me parecía que yo era envuelta por esta niebla. Se me confiaron dos problemas serios, ambos de fuera de la Comunidad. Otra vez me sentí débil ante el sufrimiento humano y mi incapacidad para hacer algo con el fin de remediarlo. "Literalmente" me sumergí en él al acostarme a dormir, confiándole a las dos personas que estaban casi perdidas. Yo misma me sentí físicamente envuelta.

Varios días después (en la Ermita)

En misa. Me siento secuestrada y, como si así fuera, atraída a un punto que está lejos, muy lejos y dentro de mí.

—Sumérgete, sumérgete en mí. Déjalo ser.

Febrero, marzo y abril

El Señor está silencioso. No ausente, sino silencioso.

No me siento como una huérfana, ni como abandonada, sino como alguien que está esperando.

Una noche durante una Eucaristía en febrero, le dije que lo que hacíamos en la Comunidad casi no tenía significado.

Respuesta:

—Es en esta falta de significado cuando más te pareces a mí.

Si tuviera tiempo suficiente, le contaría acerca de todos los pequeños milagros que experimentamos en la Comunidad. Pero me toma mucho tiempo hacer esto y, al caer la noche, me siento demasiado agotada para escribir.

Acabo de pasar dos semanas sin Pierre, y todo fue bien. Desde luego, a veces fue necesario resistir, escuchar o regañar a alguien, pero me sentí como si fuera "escoltada" y, a pesar del peso de todos estos hombres, "en paz".

Diciembre

La miseria y tribulaciones de algunos de los que me rodean, ricos o pobres, me afectan en forma profunda. Algunos de ellos heredaron situaciones inhumanas que no se merecían. Están tan abrumados. Es tan injusto. Se lo digo.

—Qué desorden es éste, Jesús. Nunca pedimos nada de esto, no nos lo merecemos... Es debido al pecado, Señor, lo sé. Nuestra condición pecaminosa. Pero yo no te pedí nada; no pedimos nacer. No siento ninguna solidaridad con Eva y su manzana, ninguna.

Estoy llena de enojo y repugnancia, y también de dolor.

Jesús me responde con calma:

—Pero yo estoy en solidaridad contigo, con los demás, por completo. No importa cuál sea la situación, siempre lo estaré. ¿Comprendes?

—Estaba segura de ello, Señor. Tú siempre volteas las cosas.

—No, no soy yo quien voltea las cosas; eres tú.

—¿Qué quieres decir?

—Tú quisiste entender todo, manejar todo a un nivel intelectual. Me hablas acerca de Eva. Tú querrías ser la A y la Z. De nuevo, querrías tomar el lugar de mi Padre.

Su réplica me calma de inmediato, pero no estoy satisfecha por completo.

—Siempre respondes desde el interior.

—Nunca obtendrás otra clase de respuesta. Es desde el interior que yo modelo mi reino... Y tú con certeza sabes por experiencia las cosas maravillosas que pueden lograrse, aun cuando tienes que arrastrarte por el lodo y la suciedad.

—Sí, lo sé, lo sé. Lo he estado viviendo durante dos años, pero...

—Pero no estés tan apurada. Algún día, en la eternidad, lo sabrás todo.

No tengo prisa, ninguna.

Misa en el Carmel

Carta de Pablo a los Tesalonienses. "Sean felices".

—Ahí vamos otra vez, Señor. Felicidad, alabanzas, sin importar las circunstancias.

El sacerdote abunda en el tema, pero no estoy de acuerdo.

—¿Qué hay con las lágrimas, qué hay con el sufrimiento que hace que los enfermos lloren de dolor? ¿Qué hay con los niños en sus camas de hospital? ¿Qué hay con tu grito de agonía desde la cruz, Jesús?

—Yo me sobrepuse a la muerte, a todas las muertes.

—Pero no acabaste con el sufrimiento. En la tierra aún resuenan los llantos de quienes sufren. No necesito decírtelo. ¿Entonces qué hay de esta felicidad, Señor? ¿Qué hay con esta felicidad cuando la tía Hélène llora y está por completo agotada después de esos inútiles tratamientos de quimioterapia? Nada en absoluto. Lo que el sacerdote está diciendo se halla lleno de un hermoso sentimiento, pero sin carne ni hueso; le falta la verdadera humanidad que tú mismo nos diste. Ya lo sabes, Señor lo sabes mejor que yo.

—Nicole, no es de tu felicidad de la que estamos hablando, sino de la mía.

—¿Tu felicidad es distinta?

—Desde luego.

—¿Qué quieres decir?

Me muestra un trozo de fruta.

—¿Tu felicidad, Señor?

—Es la semilla, la semilla de la fruta. ¿Comprendes?

—Sí. Tu felicidad no necesariamente consiste en sonrisas o gozo.

—No, no necesariamente. Es otra cosa, algo más fuerte y sólido. Es la certeza que viene de saber que yo estoy contigo y dentro de ti. ¿Comprendes?

—Sí. Esta felicidad no hace a un lado los obstáculos.

—No, los ilumina desde el interior.

—Tú siempre vuelves al mismo punto: tu reino está en el interior.

—Sí. ¿Esperabas que te dijera otra cosa?

—En el análisis último, tu reino es en absoluto "otro", "diferente".

—Sí.

—Entonces no te sorprendas si tan poca gente te sigue, Jesús.

—Nunca busqué el mayor número.

Diciembre (en Chartres)

La Navidad se acerca.

Nunca puedo hacer mis compras de Navidad a tiempo; siempre estoy en pánico al acercarse el día. Pero es un momento en que me siento de nuevo como una niña y comienzo a cantar de felicidad.

Jesús no está ausente, pero tengo la impresión de que me está dejando caminar por mi cuenta. Es como si él me vigilara desde la distancia, dispuesto a correr a mí si lo llamo. Distante, pero no ausente.

Navidad, Navidad... Con esta felicidad infantil en el corazón, me siento cuarenta años más joven.

2 de enero, 1988 (la capilla)

Día de la fiesta de María.

—Sé como ella —me dice Jesús.

—Ya me dijiste eso antes. Ya sabes que estoy tratando.

—Sí, lo sé.

—¿Quieres que esté dispuesta a darme, como ella?

—Sí, sin mirar hacia atrás. No te aferres a nada. No te aferres al pasado ni al futuro.

—¿Podrías decirme qué quieres decir?

—No trates de entender las cosas, no calcules. Ve hacia adelante sin tratar de saber qué pasará mañana o en el futuro. María nunca dijo "Sí, pero..." Deshazte del "pero..."

—Es difícil darte el sí incondicional que quieres sin comprender qué implica eso.

—Ésa es precisamente la clase de afirmación que quiero de ti.

—Sabes que no es fácil, y además, tengo miedo. Cuando te seguimos, Jesús, podemos ser muy difíciles. Pienso en María y en la espada que atravesó su corazón. Cuando pienso en ella, comienzo a llorar como tú bien lo sabes y comienzo a sentir miedo.

—Entonces no lo entiendes. Mira mi cruz. Yo he cargado con todo. Todo. *Y eso lo hace* simple.

—¿Simple?

—Sí. Llevé todo *a mi cruz. Y así, si estás conmigo, nada te pasará.*

—¿Nada?

—Nada, siempre y cuando me incluyas en todo lo que hagas. Siempre y cuando me des suficiente espacio para que pueda estar contigo. Seremos nosotros dos, Nicole. No te puede pasar nada.

3 de enero (la capilla de los Compañeros)

—¿Por qué eres tan insistente, Señor? ¿Por qué necesitas este tipo de "sí"?

—Para que pueda hacer fluir las riquezas de tu corazón y tus manos.

—¡Eso es todo! Me sorprendes y asombras.

—Haré de ti una reina. Te lo prometí.

—¿Reina de tu reino? ¿Del reino invisible?

—No sólo eso.

—Sí, Señor. Haz conmigo lo que quieras.

5 de enero (con los Compañeros)

Lulu y Chevalier aparecen en la Comunidad. Qué pareja tan lastimera. Están sucios y apestan. Ambos duermen en un coche viejo. Traemos un calentador para ellos y sábanas limpias, pero con una condición: tienen que bañarse.

Pierre me mira.

—Está bien, yo voy. Vengan, Lulu, Chevalier. Vamos a la ducha.

Con Lulu y conmigo es el mismo melodrama de siempre: insulto tras insulto. Para calmarla, le sugiero que vayamos a que ella escoja su propio vestido y abrigo. En el camino a la tienda de segunda mano, su olor casi me abruma. Nunca deja de gritarle a Jim y a mí al elegir su vestido, rehusando un hermoso abrigo negro que escogí para ella.

—Es muy triste —me dice—. Me veo mejor de verde.

—¡Es demasiado para mí!

Es un verdadero circo: ¡nosotros tres en esa pequeña ducha! Chevalier es amable y gentil al ayudarme con Lulu. La acaricia con amor, y eso me conmueve y me reconforta. Mi corazón recibe calor y las cosas se hacen más fáciles.

Lulu, por fin, está limpia, calmada, y al final feliz con el cambio. Mientras Chevalier termina de lavarse, ella limpia la tina. Hace un buen trabajo.

—¡Este lugar no está muy limpio! —dice.

Mi risa se apaga pronto al ver una botella de vino que apareció de la nada.

—¡Oh, Lulu!

—¡Un poquito no hace daño a nadie!

Nos llevamos las botellas.

—¿Ni siquiera un poquito para la comida? —se queja Chevalier.

—No.

Llega el momento de ser firme.

A la mañana siguiente, Chevalier no se sentía bien. Lulu y él tuvieron *delirium tremens.*

No regresaron. Eligieron el alcohol y no pueden vivir sin él.

Desde luego, estoy decepcionada, pero al mismo tiempo en paz. Cuando acaricié con suavidad el rostro limpio de Lulu, ella rompió a llorar. La miseria humana se topó con ternura y respondió con lágrimas.

—Llora, Lulu, mi amor —dice Chevalier—. Te amo tanto.

Para mí eso fue un trozo de eternidad. La certeza con absoluta claridad de que Jesús nos ama sin condiciones, a pesar de nuestra depravación y nuestros fracasos.

Esa tarde, en la capilla, Jesús viene a mí y me dice:

–¿Ves?, es fácil; fue simple.

Pentecostés

El silencio de Jesús me pesa. Fui mimada. Han pasado varias semanas, incluso meses. Trato de aceptar ese silencio con docilidad, pero es difícil y en cada Eucaristía no puedo evitar decirle que extraño la sensación de su presencia.

–Como lo desees, cuando lo desees, Jesús. Pero en verdad me gustaría que volvieras y me hablaras como lo hacías antes.

Lo estoy molestando, lo sé, pero yo sigo.

Domingo de Pentecostés (en Saint Aignan)

Por fin me responde:

–Nicole, no te he abandonado.

–No, sé que no es así, pero antes era mejor cuando nos hablábamos. Te extraño, y no pienso fingir que esto nunca ocurrió.

–Pero siempre estoy aquí, cerca de ti.

–No como antes.

–No, pero debe ser de este modo.

–¿Por qué?

–Sólo me alejé un poco de ti para permitirte meditar.

–¿Meditar en qué?

–En tu cuaderno, mi palabra. Es en los espacios vacíos, en el silencio, en donde tú profundizas una relación. Tú ya sabes eso. Así es con Philippe.

Me siento tan reconfortada que lloro.

Domingo de Pentecostés

Un Congreso Carismático en Bourget con quince mil participantes. Me siento un poco perdida en una multitud tan grande y animada.

Él vuelve.

–¿Te sientes reconfortada?

–Sí, necesitaba esto.

—No te abandonaré. Hazme un espacio vacío para mi presencia.

Unos momentos después:

—Algún día me gustaría subirme a un escenario y decirle a todos acerca de ti. ¿Te parece bien?

—Sí. Habrá un momento para eso. Pero no vayas demasiado aprisa.

2 de julio (capilla de los Compañeros)

Antier sepultamos a un Compañero. Aún puedo ver su sonrisa cuando fui a visitarlo al hospital, puedo sentir su mano en la mía al rezar el Padre Nuestro y el Ave María. Después de dudar durante unos días, le pregunté:

—¿Te gustaría rezar, Bertrand?

—Sí —murmuró.

Bebimos cada palabra de estas dos plegarias y sus ojos estaban sorprendentemente claros. El cáncer se había extendido en todo su cuerpo y los doctores probaron la quimioterapia. El Señor se lo llevó. *¡Uff!*

—Quiero regresar a los Compañeros —dijo.

Después de hablarlo con Pierre, nos dimos cuenta de que era imposible.

—Te irás a casa, a tu propia casa, te lo prometo.

No le mentí cuando le dije eso, porque muchas veces le pedimos a Jesús que se lo llevara a casa, a su eternidad.

Esa noche, en la capilla de los Compañeros, uno de los Compañeros y yo. Rezamos ante el Santo Sacramento expuesto. Me relajo en su presencia, y una sensación de calma se apodera de mí.

—Tu eternidad, Jesús. ¿Qué es tu eternidad?

—Yo.

—¿A qué te refieres?

—Mírame.

Así lo hago, y en *ese momento* la hostia es un hombre viviente con brazos abiertos que me hablan. Éste no es el resultado de mi impresionabilidad o mi imaginación. Llega *directo al corazón.*

—Te veo, mi Señor y mi Dios. Cuánto amor, querido Jesús.

En un momento en que no lo espero, helo ahí, inundándome con su ternura. Saboreo este momento porque él está aquí, hablándome.

No es que él volviera, porque él nunca se fue. Pero ahora él está *aquí*, hablándome. Lloro de felicidad.

—Gracias, Señor. Necesitaba tanto estos momentos.

—Nunca te abandonaré, te lo prometo. Ha sido difícil y seguirá siendo así, pero te elegí a ti, pequeña hermana, pequeña reina, mi reina, reina de mi corazón.

—Te creo. Sí, te creo, y en este mismo instante quiero contarle sobre ti a todo el mundo a pleno pulmón.

—Ya habrá un momento para eso. No seas impaciente. Ya te lo he dicho.

Unos momentos después:

—Jesús, volvamos a lo que estábamos hablando. ¿Qué hay con tu eternidad?

—Soy yo, en este momento, pero aún mayor y más amplio. No hay ruptura. ¿Comprendes?

—Sí.

Sábado, 10 de diciembre

Philippe tuvo que ir a Lyons por negocios, y yo me tomo un par de días para descansar. Es difícil alejarse un poco y tan sólo vivir. El regreso a Chartres es difícil. Uno de los voluntarios que nos ayudó en forma considerable hace dos años es ahora un estafador a gran escala. De pronto los Compañeros y yo somos la comidilla del pueblo. Estamos en las noticias de primera plana en un periódico local y nos convertimos en el foco de un desorden que atrae a los que gustan del escándalo. Apenas puedo creer las sospechas y preguntas que se me dirigen, y tengo que tratar con gente que se deleita en captar el aroma de un escándalo. Me enfurece una llamada telefónica anónima que insinúa cosas horribles. Estoy abatida en lo físico y repugnada en lo emocional. No es sólo el mal en sí lo que me hace enojar; estoy asombrada por el deseo de estas pobres almas de revolcarse en él, o de fabricar un mal asunto de eso.

Domingo por la noche, sola en casa, se me salen las lágrimas.

Confío a María lo que he descubierto y lo que he vivido:

—María, esta perversidad, estos demonios, llévatelos, átalos al pie de la cruz de tu hijo. Protégenos, protégeme de sus ataques. Protege a la Comunidad, a los pequeños. María, María. Ya no tengo más fuerzas...

Regresa la calma.

Lunes, 12 de diciembre (misa en la capilla)

—Haré de ti una reina. Estoy haciendo de ti una reina. Mi reina, no temas nada.

—Oh, Jesús, mira este desorden, tu humanidad, nuestros esfuerzos... Soy una reina lamentable.

—De ningún modo. Eres hermosa. Eres una reina, mi reina.

—¿Qué estás haciendo ahora? ¿Qué quieres de mí? De seguro puedes ver lo que estoy pasando.

—Estoy construyendo el pedestal contigo.

—¿El pedestal?

—Sí, el pedestal para la reina, para elevarte un poco, Nicole, y permitir que seas vista.

—¿El pedestal? No entiendo.

—Has vencido al mal, Nicole. Con el fin de vencerlo, has tenido que confrontarlo. Ya pasó. Como yo, lo has vencido.

—Jesús.

Es un grito que viene de todo mi ser.

No resisto. Sé que he vencido. Respiro hondo antes de reanudar el diálogo.

—Te creo. Fue toda una batalla, pero sé que he ganado. Es suficiente para que me sienta arrogante. Quizá soy un poco arrogante al decirte que gané.

—No. Mientras luches conmigo, mientras me dejes algún espacio, nunca serás arrogante.

Viernes, 16 de diciembre

Hablo de nuevo con él acerca de la reina, su "pequeña reina".

—Yo, también, doy testimonio, Nicole.

—Pero no necesitas dar testimonio. Ya lo has dado, el testimonio que sólo tú podrías dar.

—Estoy vivo. Di testimonio al hacer de ti una reina.

—Ambos damos testimonio juntos, ¿es verdad?

—Sí.

—¿Y mi testimonio?

—Debes estar en paz. No temas nada. Muestra tu felicidad.

Poco después:

—Yo me encargaré de todo. No te preocupes por ello. Yo me encargaré de todo.

—Me es difícil creer en ti en medio de toda esta locura y desorden.

—Yo lo haré.

—Creo en ti.

Tengo la impresión de que Jesús quiere que me adhiera por completo a él, aun cuando yo no sepa qué es lo que hará en el reino que él construye. La paz y la confianza son el papel que yo debo jugar.

—Hágase tu voluntad, Jesús. Estoy en tus manos. Trataré de estar por completo en paz. Pero debes saber, Jesús, lo mucho que me alteran estas llamadas anónimas. Te pido que me des un poco de tiempo entre llamadas para reponerme.

—Soy tu protector. Ya no te harán nada más. Debes estar en paz.

Diciembre

Ya han pasado varios meses en que me he dado cuenta de que es más fácil reunirme con Jesús cuando estoy sola, en misa o en otras partes. Muchas veces me he preguntado si esto es sólo porque soy muy introvertida. Me gustaría verme a mí misma con un poco más de claridad. Estoy sola en el coche, manejando hacia la Ermita.

—¿Jesús? ¿Soy yo quien es demasiado introvertida o quizá es que estás un poco celoso?

—Sí, estoy un poco celoso.

¡Buum! Mi corazón hace "buum".

—¿Tú? ¿Celoso?

—Sí. Cuando hablamos, Nicole, es importante que te rindas completamente a mí.

—¿Tú? ¿Celoso?

Aún me es difícil aceptar estas palabras.

—Sí, sí. Para darte más y vivir más en ti. Después sólo serás más rica debido a esto, rica para los demás. Nicole, en verdad soy una persona viva.

Fin de diciembre

Éstos han sido días difíciles y extenuantes. Mi alma se siente nublada y pesada. Tengo la impresión de que alguien está pasando por momentos muy difíciles. Todo lo que puedo hacer es rezar sin entender en realidad lo que sucede.

Enero, 1989 (misa con los Compañeros)

—Regocíjate, Nicole. Regocíjate.

—Es "Regocíjate, María". No "Nicole". No oí bien, Jesús.

—No. Regocíjate, Nicole.

Un momento de incertidumbre, pero hay tal sensación de paz en mi corazón que sé que ésa no va a ser otra invención de mi imaginación.

—Alegré tu corazón de nuevo, para mi reino.

—Te creo, Señor.

Domingo (misa en Saint Aignan)

Isaías 62:4. "Seréis llamado Mi Goce Está en Ella, y su tierra se Desposará".

Estas palabras van directo a mi corazón, como si fueran habladas directamente a mí. Es muy loco.

—Ya tengo un marido. Tú me lo diste, Jesús.

—Sí.

El Señor está frente a mí, abarcándome.

—Me casé no sólo con tu ser, sino con toda tu vida, tu familia. Es aún más grande que eso. El tú con el que me casé incluye todas las experiencias que te he dado.

El Evangelio de la boda en Caná.

—Haz lo que ella hizo.

Después de pensar en esto un momento, le pregunto:

—¿Quieres que actúe como ella? María vive en dos niveles al mismo tiempo. Está el predicamento humano de que se acabe el vino y el hecho de que tú eres divino. María sabe que tú puedes hacer algo con esto. Ella no sabe qué, pero ella confía en que tú actuarás.

—Sí, Nicole.

—Quieres que haga lo que hizo ella. Yo viviré todo lo que tú me des a vivir, sin reservas, y yo confiaré en ti sin saber cómo responderás cuando te llame.

—Sí.

Medito y rezo un poco.

—Jesús, hay algo que no me parece correcto: es demasiado simple.

—Mi amor es simple. Tú lo haces muy complicado.

—Pero en una relación siempre hay negociación. ¿Qué se supone que debo hacer? Yo no puedo sólo recibir y dejar que me conduzcan.

En ese momento, el cura habla acerca de la "participación febril" que Dios pide de nosotros cuando él hace un milagro. Da el ejemplo de los panes y los pescados. Es tan pequeño, y la multitud es tan grande.

—Quiero participar, Señor. ¿Qué puedo dar yo? ¿Qué quieres de mí?

—Tu espíritu, Nicole. Ya te lo he dicho antes. El espíritu que te conduce hacia los demás y hacia mí. Tu espíritu vibrante.

—Eso no es muy difícil. Me siento feliz al dártelo. ¿Qué más?

—Tu confianza. Como María, tu confianza. Tu confianza infantil, que sabe que yo haré algo pero que no le importa cómo lo haré.

—Seguro eso será más difícil de vez en cuando, pero haré todo lo posible. Te lo prometo. Trabajaremos juntos; te doy mi palabra.

—Quiero que ellos me vean, que sepan que estoy vivo.

Varias veces durante la misa me sorprendo al oír:

—Mi Padre te vendrá a visitar.

—¿Para hablar conmigo?

—Sí.

Le cuento a Pierre porque estoy tan sorprendida por estas palabras, que temo perder la cordura.

—Escríbelo —me dice Pierre.

Él no parece sorprendido. Ya veremos.

13

Haz lo que hizo Mi hijo

30 de enero, 1989 (Argelia, Planicie de Ahaggar)

Heme aquí, de pronto transportada a otro planeta. Salgo de casa y de los Compañeros y ahora estoy con ocho estadounidenses, ricos y mimados, en un viaje de dos semanas por el desierto a camello. Assekrem, el santuario de Charles de Foucauld, es tan hermoso que me quedo sin aliento. Dejo mi pequeño cuaderno con los hermanos de la Ermita de Foucauld. Me siento al mismo tiempo intimidada y estúpida cuando le cuento al padre George de qué se trata. No parece sorprenderlo. *Insh Allah.* Hágase la voluntad de Dios.

Dos días en coche. Me dejo mecer y sueño. Me duele sentirme tan lejana a Jesús. Termino con mis ensueños y se lo digo.

–Deja tu paraíso artificial, tus ensueños.

Lo hago y entro al silencio.

–Siento un gran vacío, Jesús. No sólo la vaciedad de mis alrededores, sino un gran vacío entre tú y yo.

–Vive en mi presencia.

–Pero la vaciedad está vacía, Jesús.

–No.

–¿Qué quieres decir con "no"?

–La vaciedad que sientes no está vacía. Es el lazo entre mi Padre y su creación. Vive en ella con tus plegarias, como los hermanos de la Ermita de Assekrem.

Sí. Como ellos en su alta planicie, entre el cielo y la tierra.

31 de enero

–Explícame esta vaciedad deshabitada.

–Estás tejiendo con mi Padre.

–¿Tejiendo qué?

–¿Por qué quieres saberlo?

–Para saber.

–¿Saber qué? ¿De qué servirá eso?

1º de febrero (aún en el desierto)

–Dime acerca de este tejido, Jesús.

–Es una plegaria a mi Padre, hacia mi Padre, con él.

–¿Qué tan diferente es de ti?

–Yo soy tu acompañante. Yo voy antes que tú. Yo estoy en la vida cotidiana.

–¿Y tu Padre?

–Incluye el universo, la inmensidad del mundo, en tu plegaria.

–Ahora, Jesús, con honestidad no pienso que vaya a cambiar nada, así sea en Chile, en la URSS, en Líbano o en cualquier otra parte. Basta con mirar el caos.

–Haz que tu plegaria sea por completo desinteresada.

–¿A qué te refieres?

–Reza por entrar en una relación, sin voluntad propia. Lo mismo por las personas que te he dado. No reces para convertirlos o reformarlos. Sólo reza por ellos.

–Comprendo.

–Sé como Mi Hijo.

Esta vez es Dios quien habla. (Estoy tan aterrorizada que apenas tengo el valor para escribir estas palabras.)

–¿Como Tu hijo?

–Piensa en la cruz.

–Sí, tienes razón. Él rezó por sus perseguidores. Él no rezó para que sus perseguidores dejaran de hacer lo que le estaban haciendo. Sí, comprendo.

Y después:

—¿Cómo debo llamarte?

—Por mi nombre.

—Entonces, Dios, me atreveré a hacerte esta pregunta. Puede ser estúpida, pero tú iniciaste esta conversación. ¿De qué sirve, o mejor, de qué me sirve rezar por un mundo y por situaciones que están por completo fuera de mi control? Heme aquí, perdida en tu universo. Mis hermanos son tragados por tu universo. Es demente. Y además, yo no veo nada y no sé nada.

—Reza. Primero que nada, entrarás en una relación conmigo. Eso te dará una forma de entrar en el vestíbulo de mi eternidad.

Tengo tiempo de meditar acerca de esto al caminar por el Teffedest. Aún sigo asombrada. Es al mismo tiempo tan inmenso y tan simple.

2 de febrero

—Dios, nos diste nuestra inteligencia para que pudiéramos comprender. Tú fuiste el que lo quisiste así. Entonces, tú que eres la A y la Z, tú que enviaste a Tu hijo al mundo, mírate. El mundo está en problemas; es un desorden. Tu hijo murió por nosotros, pero nada cambió bajo el sol. ¿Para qué sirve? ¿Cómo quieres que la gente crea en ti? Tú sabes que es difícil. No entendemos nada en absoluto de tu plan.

—Entender mi plan no es el punto. Sólo les pido a ti y a los demás contribuir con él.

—Entonces ¿tengo que poner mi inteligencia en espera, a fuego lento?

—No. Sólo somete tu inteligencia a un plan que no comprendes porque nunca podrás comprenderlo por completo.

—Entonces, ¿sólo en parte?

—Sí, pero sólo un poco.

—¿Qué quieres de nosotros?

—Contribuyan a mi plan con lo que tienen y desde donde están. Eso es todo.

3 de febrero

–Es absurdo. En realidad no somos nada. Yo no soy nada. Un pequeño grano de arena en este vasto desierto. Nada. Minúscula. Es realmente ridículo, ¿verdad?

–Sí. Tú eres esta pequeña nada, este pequeño grano de arena.

–Nada. Me es difícil aceptar eso.

–En esta nada está todo. Mi Todo. Estoy yo.

4 de febrero

–¿Cómo comprendemos, cómo vivimos y actuamos cuando no somos nada?

–Con suavidad, paciencia y modestia.

–¿A qué te refieres?

–Como una obra de arte.

–¿A qué te refieres?

–Una obra de arte retiene su secreto, su misterio. Hagan lo mismo por mi universo, mi plan. Trátenlo como una obra de arte. Acepten que en él no hay nada más que lo que ustedes pueden entender.

Domingo, 5 de febrero

–Una obra de arte. No me gusta eso. Todas estas personas, todos estos males, todas estas distorsiones. ¿Cómo puedes llamarlo una obra de arte cuando hay tantos desastres, tanta infelicidad, la muerte de niños inocentes? Es imposible.

–Mi obra de arte no está terminada. Aún continúa.

Pienso, desde luego, en Teilhard du Chardin.

–Haz lo que hizo Mi hijo.

–¿A qué te refieres?

–Vivan como él vivió. Él sólo era el hijo de un carpintero en una pequeña aldea. Vivan como él vivió donde están ustedes, y ámenlo, carguen el mundo. No busquen otra cosa que ser pequeños, la madre de una familia, la persona que es hoy responsable de la Comunidad.

–¿Eso es lo que quieres de mí?

–Eso es lo que queremos de ti hoy.

6 de febrero

–Una obra de arte, ¿con tanto sufrimiento? Infortunios, el suicidio de un niño... tantas tragedias. Yo sé, muchos libros se han escrito, mucho se ha dicho acerca del sufrimiento, pero ¿qué hacer al ver una persona que sufre? Dios, tú eres omnisapiente. ¿Puedes darme una respuesta, una respuesta sencilla?

–Lo comparto.

–¿A qué te refieres?

–Yo estoy en el sufrimiento, en la mirada, en la agonía.

–Pero, Dios, necesitas dos para compartirlo. Todos aquellos que no te conocen, no pueden compartir y no saben que estás compartiendo con ellos.

–Sin embargo, estoy ahí.

–Pero ¿qué provecho les hace, puesto que no lo saben? Puesto que no pueden sentir nada, no les es de ayuda.

–¿Por qué estás tan segura de eso? No te pongas en su lugar. De una vez por todas, Mi hijo se puso en su lugar. Él cargó con todo.

7 de febrero

–Debemos terminar con todo este sufrimiento.

–No. Todo lo que necesitan hacer es dirigirlo hacia nosotros y hacerlo con todas sus fuerzas.

9 de febrero (de vuelta en Tamanrasset)

Voy a ver a las hermanas y escucho una conversación acerca de Charles de Foucauld.

Heme aquí sola, arrodillada en la pequeña capilla de las hermanas. Tengo los pies en la arena, como lo hice en el desierto. La presencia de Jesús en el tabernáculo me hace sentir un calor interior.

Pienso acerca de Charles de Foucauld y su notable vida.

–¿Salió algo de esto? ¿Quieres que nos ocurra lo mismo a nosotros, a mí?

–Carga el mundo.

—Pero es absurdo. ¿Por qué usarme a mí? ¿Qué puedo lograr? ¿Qué es lo que quieres que haga?

—Nada.

—¿A qué te refieres?

—¿Por qué siempre quieres hacer algo? ¿No estás ya lo bastante ocupada? ¿Por qué quieres hacer más?

—Entonces ¿qué quieres de mí?

—No hagas nada. Déjanos hacerlo.

—Eso es incomprensible.

—No, no lo es.

—¿Qué es lo que debo hacer?, o más bien, puesto que no estamos hablando acerca de hacer, ¿qué es lo que debo ser?

—Llévanos en ti.

—¿Eso es todo?

—Sí. Como dos tesoros posados en las profundidades de tu interior. Eso es todo.

10 de febrero

—Dios, es tan simple. Lo que estás diciendo es que complicamos todo, aun aquellos que piensan que te están siguiendo.

—Sí. Mi hijo y yo estamos fatigados por sus esfuerzos inútiles.

—¿Qué quieres decir?

—Ustedes ponen tanto esfuerzo en vivir sus vidas y realizar sus proyectos, que no dejan espacio para nosotros.

—El espíritu de la infancia, ¿es eso? ¿Confiar por completo y dejarse conducir?

—Sí.

12 de febrero (el aeropuerto de Argel)

—Junto con la felicidad de conocerte, siempre está la cruz.

—Sí.

—¿La felicidad y la cruz, siempre?

—Sí.

—Temo a la cruz.

—No la temas.

—¿Cómo no puedo tener miedo, no temerle? Parece que pides mucho de aquellos que eliges.

—No.

—¿Qué quieres decir?

—La cruz no será pesada, porque la cargaremos contigo. Te protegemos. Nadie podrá hacerte daño. Creelo. Como un niño, creelo.

—¿Es más fácil de lo que imagino?

—Es incluso más fácil que la vida que llevas ahora.

—??!! ¿Más fácil?

—Sí, porque en realidad no tienes idea de lo mucho que te rodeamos con nuestro amor.

—¿Realmente elegida?

—Sí.

Recuerdo otra vez, tanto en mi cabeza como en mi corazón, del "espíritu de la niñez" tan caro a Bernanos, la pobreza de Foucauld, la humildad de Teilhard, y tantos otros, tanto conocidos como desconocidos.

13 de febrero (de vuelta a casa)

Lejos del silencio y la belleza del desierto, vuelvo de nuevo a la intimidad de la familia. Tengo la impresión de que pasar de un planeta a otro se ha hecho cada vez menos difícil. Tal vez es porque lo dejo ser más que antes.

15 de febrero

—¿Por qué insistes tanto en que no hagamos nada?

—Cuando ustedes se hacen demasiado activos, no dejan que nuestra presencia brille hasta ustedes.

Domingo, 20 de febrero (misa en Saint Aignan)

En su homilía, el pastor habla con insistencia acerca de dos mundos: el mundo presente, efímero, y el verdadero mundo que nos espera después de la muerte.

–Para mí eso es muy difícil de aceptar. Me siento como si me desgarrara en dos. Amo esta vida aquí abajo y no creo lo suficiente en la vida que me espera. La eternidad en la que entraremos es nebulosa y vaga. Quisiera creer con más intensidad, convencerme en la profundidad de mi ser que me espera la felicidad. Pero tú sabes lo lejos que estoy de eso.

–No trates de imaginarlo. No puedes saberlo. Además, estás equivocada.

–¿?

–No hay un antes y un después. Existe sólo el presente: hoy, ahora.

–¿Es que la eternidad ya empezó?

–Sí, desde luego.

Unos momentos después:

–¿Cómo vivimos en esta eternidad?, ¿en este hoy? Es difícil, ¿verdad? Cuando hago la cena, hablo, leo un libro, en pocas palabras, cuando estoy haciendo las mil y una cosas que forman esta vida cotidiana, no puedo estar contigo al mismo tiempo. No al mismo tiempo. Es imposible.

–Simplemente deja la puerta de tu corazón abierta a nuestra presencia. Haz lo que estabas haciendo de forma completa y hazlo bien.

–¿Y tú?

–De vez en cuando vendremos y te sorprenderemos. Nos reuniremos.

Febrero

Una fuerte impresión de la presencia de Jesús. Él incluso me pregunta:

–*¿Cómo te va, Nicole?* –justo como lo haría un amigo. Y luego prosigue:

–No te preocupes de nada. Ninguno de ustedes necesita preocuparse de nada. Hagan que nuestros caminos sean fáciles.

–¿Quieres decir que debemos hacer el camino fácil para ti?

–No. Simplifiquen sus vidas. Lo que les estoy enviando son apenas unos puntos difíciles.

Domingo, 26 de febrero (misa en Saint Aignan)

–Me gustaría entrar a tu eternidad con serenidad, igual que como vivo ahora. Eso parece difícil.

–No.

–¿Qué quieres decir?

–Haz que el movimiento sea al revés. No empieces por lo que no sabes, y no puedes saber. No empieces por lo que imaginas o temes después de la muerte. Empieza por lo que ves hoy.

25 de abril

Una llamada telefónica por la mañana de alguien que me pide rezar por ella. Quiere permanecer anónima. La simplicidad y tensión de su voz me afecta en lo profundo. Le prometo que Pierre ofrecerá una misa por ella y que la llevaremos en nuestros corazones. El mismo día recibo una carta radiante de una amiga del tío André que leyó mi pequeño cuaderno. Ella tiene cáncer y está pasando por la quimioterapia. Me cuenta de lo mucho que la está ayudando mi cuaderno. La carta es radiante porque revela la nobleza de una gran alma, justo como la de Thérèse. Qué regalo tan grande es poder compartirlo a este nivel.

Esta tarde, durante la misa, le ofrezco estas dos almas y me siento profundamente pesada y triste. Le confío sus sufrimientos a él y entro en una especie de universo sombrío: calmo pero sombrío.

–Es difícil, Jesús, tan difícil.

–Lo sé.

Puedo sentir físicamente que él sabe. Vienen a mí las palabras del Evangelio. Murmuro para mí misma:

–Tan sólo no funciona, Jesús. Tú sabes lo que necesitamos, lo sabes mejor que nadie, y sin embargo quieres que te lo pidamos. De modo que te lo pedimos y al mismo tiempo decimos: "Hágase tu voluntad".

Tengo la impresión, ridícula tal vez, de que estamos jugando con dados cargados.

–Reza, Nicole, reza.

–¿Con qué propósito? Sabes que no puedo hacer nada tan bien como tú. ¿Con qué propósito?

–Tu plegaria hará que mi colaboración con estas dos almas sea aún mayor. ¿Comprendes?

—¿Quieres decir que mi plegaria los acerca?
—Sí. ¿Puedes creerlo?
—Sí. Creo en ti.

Verano (Finlandia)

Vacaciones familiares con un amigo. Todo mundo se libera. Lejos, en una isla sin agua corriente ni electricidad, tenemos el tiempo para hacer que pasen las horas. Yo esperaba que nos reuniéramos.

—¿Es que ya no vas a venir a verme más?

"Descansa" fue todo lo que oí.

Y por eso descanso.

Agosto

Sin encuentros. Los extraño. Se los digo.

—Vienen sin aviso, se van sin que yo lo sepa y me dejan en suspenso y seca. Es difícil aceptar este silencio sin ninguna explicación. Además, como bien lo saben, me siento como un poste puesto a mitad del camino. Siento pesadez, y ya no experimento el dulce deleite de su presencia. Eso es más bien difícil de aceptar.

—No te alteres. Te estamos moldeando. Sabemos mejor que tú lo que necesitas. No estamos muy lejos de ti. Tú eres nuestra reina.

Que así sea.

Acepto su aparente ausencia.

En varias ocasiones, cuando la hostia se eleva, veo el rostro de Jesús. Al principio parecía como el rostro en el manto sagrado, y me dije a mí misma que era una ilusión óptica. Pero mi abrumadora sensación de calma me asegura que no es un espejismo.

14

Nos ha llegado el momento de actuar

Diciembre de 1989

¿Es ésta la continuación del pequeño cuaderno? No lo sé. En realidad lo dejo ser. Jesús no me ha abandonado, pero ya han pasado dos meses en que he estado sin estos momentos de eternidad. Lo que siento tan profundamente no es su ausencia sino su distancia. La acepto, pero no es fácil. Puesto que la iniciativa es suya, en realidad no hay nada que pueda hacer, pero durante las misas muchas veces le pido que regrese.

—Me mimaste mucho, lo sé. Me pediste poner en práctica este pequeño cuaderno e integrarlo a mi vida. Trato de hacerlo. Pero, si es tu voluntad, ven y visítame. Si no es tu voluntad, lo acepto.

Él regresó el jueves. Desde luego, se lo supliqué, pero ésa es mi forma de aferrarme a la relación.

De rodillas, me toma entre sus brazos y me abraza con tanto amor que casi me quedo sin aliento.

—*¿Ahora te sientes segura?*

—Sí. ¿Puedes notarlo?

—*Estoy vivo.*

Saboreo estos momentos, asombrada y también profundamente feliz. Creo que si el mundo terminara en este momento, yo me sentiría feliz. Me siento permeada en todo mi ser por una paz interior.

—*Esto es lo que te espera en mi eternidad. Ésta es mi eternidad.*

Puedo decir con honestidad que si ésta es su eternidad, estoy perfectamente dispuesta a morir ahora.

—*No temas. Lo que te digo, se lo digo a todos ustedes. No teman.*

Y después:

—*Te elegí a ti. Tú eres mi reina.*

—Sí, Jesús. Estás empezando todo de nuevo. Es demasiado, demasiado hermoso para mí. Ponme en el lugar donde pertenezco.

—*No. Nada es demasiado para mi reino. Te he elegido a ti.*

Al día siguiente: Viernes.

—*Muévete con soltura, Nicole, muévete con soltura.*

—¿Muévete con soltura? ¿Qué quieres decir con eso?

—*Muévete con soltura entre la gente que te he dado, entre todos los eventos que he puesto en tu vida. No te demores con ellos.*

—¿Por qué? Dime a qué te refieres.

—*Muévete con soltura y serás ligera, pacífica, hermosa. No hagas nada. Yo actuaré en tu lugar. Déjame actuar.*

—¿Me has elegido para no hacer nada?

—*Sí.*

—Entonces ¿no sirvo para nada?

—*Yo haré uso de ti.*

—Dime lo que quieres decir, Jesús. Dime a qué te refieres.

—*Te amo.*

Héme ahí, literalmente tragada por su amor. Es casi demasiado para mí. Se lo digo.

—Déjame decirte algo, Jesús. Te he extrañado todo este tiempo, y ahora que me hablas así, me siento casi temerosa de este inmenso amor. Me haces sentirme débil, Jesús.

—*Sí, lo sé.*

—Quieres que lo deje ser.

—*Sí.*

Trataré. No es tan difícil, y sin embargo me abruma.

Miércoles, 7 de febrero, 1990

Estando sola, me detengo junto a una pequeña capilla romanesca en La Grave en los Alpes del sur.

Les hablo.

—Su silencio es más bien largo y pesado. Ustedes ya no me hablan. Los extraño.

Silencio.

Insisto. Una respuesta:

—Ya te lo dijimos. Sabemos lo que es bueno para ti. Estamos cuidando de ti de otros modos.

Y es verdad. Siento que nunca me ha faltado ayuda con los Compañeros. Es como si cada vez que hubiera alguna necesidad, me dieran a la persona adecuada para el trabajo.

—Es verdad. Sé que me han mimado; aun cuando no lo merecía, pero aun así los extraño. ¿Por qué este silencio?

—Para moldearte. Te estamos dando forma.

—¿Para qué?

—Para que te parezcas a Mi hijo.

Es Dios quien habla, y esta vez me siento mucho menos intimidada.

—Nunca podré hacerlo.

—No, no podrás. Pero nosotros sí.

—Entonces lo que debo hacer es dejarlo ser, aceptando incluso este silencio.

—Sí.

Viernes, 9 de febrero

Aún estoy en La Grave. Philippe esquía por cuestas que son demasiado difíciles para mí. Regreso a la capilla para verlos, pero esta vez está cerrada. ¡Lástima! Me siento en una de las escaleras frente al cementerio y miro la cumbre del Meije. El sol ilumina el cementerio congelado y estoy rodeada de silencio.

—Gracias. Esto es hermoso.

Y un poco después:

—¿Cómo me están dando forma? ¿Y para qué propósito?

—Porque tienes que entrar a las profundidades del silencio.

—Le temo un poco al silencio. Está vacío. No me habla.

—No. Nuestro *silencio.*

—¿Qué quieren decir?

—Estamos dentro del silencio. Contigo dentro *del silencio.*

—Pero ¿sin hablar conmigo? ¿Por qué?

—Adoración, Nicole. Este silencio, nuestro silencio. Hablamos contigo de un modo distinto. Entra en la adoración.

—¿Qué quieren que haga?

—Nada.

—¿Pero cómo los adoraré?

—Dejándolos ser. *No hagas nada. Somos nosotros quienes habitamos en el silencio y no tú.*

—¿Todo lo que tengo que hacer es un espacio para ustedes?

—Sí.

Y es verdad que ellos están ahí, ambos, y todo lo que tengo que hacer es cerrar mis ojos para entrar en mi alma. Me deslizo en ella y ahí están esperándome, ambos.

Ya no temo a Dios. Es terriblemente simple. El Padre y el Hijo y... yo.

—Es simple, muy simple, demasiado simple.

—La gente hace todo tan complicado.

—Un momento. Experimentar sus presencias en este momento es fácil para mí. ¿Qué hay con los demás? ¿Aquellos hombres y mujeres, algunos de ellos en la vida religiosa, que luchan contra la duda y la vaciedad?

—Otra vez estás complicando todo. En este momento no estamos hablando de los demás, sino de ti.

—No, no me convencerán con tanta facilidad. Ya he sido bendecida mil veces. Ustedes cayeron en mi alma sin ningún aviso y la convirtieron en su habitación, mientras que otros que les han dado *todo* nunca los encuentran.

—Ya te hemos dado una respuesta.

—¿Ya la dieron?

—Hemos inscrito estas personas en tu corazón. Ya te hemos dicho eso.

—¿Y qué con Thérèse? ¿Todo lo que necesito es tenerla en mi corazón?

—Sí. Cuidaremos de ella.

—Bien.

17 de febrero (en camino a la Comunidad)

Desde hace un tiempo la palabra *cordero* ha estado en mi mente.

—¿Cordero? ¿Qué tratan de decirme?

—Ésa es la forma de reunirte con nosotros.

—¿A qué se refieren?

—El hombre o mujer que ha sido un "cordero", un "inocente" en su vida, puede reunirse con nosotros.

—¿Es necesario experimentar este proceso para conocerlos?

—Sí. Tienes que experimentarlo en carne propia o a través de otros.

—¿Ésa es la única forma?

—Ahí es donde nos reunimos.

—Qué difícil es. Debemos magullarnos para hablar con ustedes. Es muy loco.

Principios de marzo

Hablo con ellos.

—"No juzgues". Eso me molesta. ¿Cómo podemos no juzgar? Nos guste o no, siempre hay luz y sombra. Decir: "Todo está bien, todo es perfecto" no sólo es falso; una actitud como ésa puede ser peligrosa o idiota.

—Sí, tienes razón. Desde luego que es necesario juzgar hechos. Pero nunca aprisiones a los demás en sus actos, y nunca los tengas ahí.

—¿A qué se refieren?

—Todos ustedes están en el proceso de ser. Digamos que acabas de saber que alguien cometió un delito. Bien. Pero mira a la persona y reconoce que en algún momento en el futuro, tarde o temprano, esa persona podrá elegir la luz.

—Entonces dejo una abertura. ¿Se refieren a eso?

—No, es necesario hacer más. Nos permites actuar dentro de ti. Ver a esas personas contigo, entenderlos, esperarlos contigo. ¿Comprendes?

—Sí. ¡Lo que se concluye es que también les estoy dando a ustedes una oportunidad!

8 de marzo (la capilla de los Compañeros)

La hostia está en nuestras manos: frágiles, vulnerables.

Les digo:

–Ustedes son ligeros y vulnerables en mi mano. Es muy extraño.

Medito un poco acerca de esta pieza de pan que es Jesús.

Oigo:

–Sé ligera. Quiero que seas tan ligera como soy yo ahora.

Puesto que no estoy en realidad segura de si es él quien me está hablando, espero un poco. Hay paz. De modo que es él y no mi deseo o mi imaginación.

–¿Me dirás a qué te refieres? ¿Quizá mañana?

–Sí.

El día siguiente, 9 de marzo

Tengo un poco de tiempo para ordenar la casa, y puesto que estoy sola hablamos.

–¿Puedes decirme a qué te refieres con ligera? Y también explícame qué quiere decir vulnerable. Esa palabra me atemoriza un poco.

–Sí, ligera. En lo que se refiere a vulnerable, no temas. Tú sabes que te estamos protegiendo.

–¿Por qué ligera?

–No cargues lo que no necesitas cargar. Es demasiado pesado para ti. No puedes con eso.

No estoy de acuerdo y se los digo:

–Ustedes me crearon a mí, me trajeron a este mundo con mis cualidades y defectos. Para darles un ejemplo, nací con un cierto grado de comprensión y compasión. Ésos fueron sus regalos. ¿Y ahora debo poner todo esto de lado?

–No. ¿Acaso crees que nos olvidamos de ti el día después de que naciste? Estábamos ahí a tu lado.

–¿Cómo encaja en esto la ligereza?

–Estamos a tu lado. Tú sientes, ves, simpatizas, pero nos dejas cargar lo que es demasiado pesado para ti. Sé ligera. Nosotros cargaremos y ellos nos verán.

—¿Ellos?

—Las personas que te damos, que te prestamos. Cuanto más ligera seas, más nos podrán ver ellos.

Marzo (en camino a los Compañeros)

—Tengo la impresión de que tú estás tratando de hacer que yo viva en dos planetas distintos. El primero es "el reino oculto": tu presencia, el pequeño cuaderno, los pequeños milagros que me dejan experimentar. El segundo es el del mundo: las mil y una cosas que componen nuestra vida diaria, las pequeñas y grandes decisiones (hay muchas de ellas), y todo eso pesa sobre nuestra existencia humana. Me siento arrojada de uno al otro, y no se siente muy bien. ¿Y por qué? ¿Por qué la intimidad, los secretos, del reino?

—Para que no lo distorsiones.

—¿Qué quieres decir? ¿Por qué este reino oculto no es revelado a todos?

—Para que los "pequeños" puedan nutrir a los "grandes". Para que la intimidad del pequeño cuaderno pueda nutrir tu vida. Tienes que empezar con nosotros para que nuestro reino pueda avanzar.

Comprendo. Sí, creo que comprendo.

Al día siguiente

—Ustedes saben todo acerca de mí. Todo, por toda la eternidad. Y sin embargo ustedes me permiten ser libre para elegir entre amar o no amar. Aun antes de que abra la boca, ustedes ya saben lo que les preguntaré. Qué libertad tan extraña y tan provocativa es: ¡determinada y libre al mismo tiempo!

—Sí, sabemos todo, Nicole. Pero de un modo por completo distinto, *no a tu modo. Ninguna inteligencia, sea la tuya o cualquier otra inteligencia humana, puede saber lo que sabemos. Nuestro modo de saber no es el modo humano.*

—¿Cuál es entonces el lazo o los medios con los que podemos avizorarlos? Debe haber alguno.

—Confianza.

—¿Nada más?
—*No.*
—...
—Confiar en ustedes en la oscuridad, sin saber.
—*Sí, pero no en la oscuridad.*
—¿Por qué es eso?
—*Porque es mediante la confianza que entramos en una relación contigo. Es la* relación *que deseamos.*
—Pero... ¿qué hay de aquellos que nunca experimentaron esta relación? ¿Y qué de todas las plegarias que no fueron respondidas?
—*Nuestras respuestas no son tus respuestas. Ustedes quieren que respondamos a su modo. Hay momentos en que nuestras respuestas pueden ser por completo distintas.*
—Pero siendo así, ¿podremos entenderlas o siquiera recibirlas?
—*Sí, pero muchas veces esto sólo es en forma gradual.*
Aún tengo algunas preguntas que hacer después. Pero primero que nada debo asimilar lo que están tratando de hacerme entender.
Con mucha frecuencia veo un rostro que se afoca en la hostia que es elevada. A veces parece como el rostro en el manto sagrado, y otras veces el rostro está inclinado. La mirada que se dirige hacia mí viene desde muy, muy lejos, pero aún así es muy cercana. Ya he experimentado algo de esta misma sensación de dulzura, cuando he sido abrazada por la mirada de algunas personas. Esto ha sucedido pocas veces, muy pocas veces, pero la sensación es de una extrema dulzura.
Permanezco calmada. No siento mareo o dudas, y cuando no lo veo en la hostia, no me molesta porque sé que él está ahí. Es todo tan simple y directo, pero aún así me sorprendo de lo calmada que estoy. "Déjalo ser". De acuerdo. Lo dejo ser.

28 de marzo

Desde hace un par de días he querido preguntar qué peticiones son buenas y cuáles son malas. "Pide y recibirás". Me siento con ganas de responder: "¡No siempre!"
Muchas veces les pregunto:

—¿Cuáles son las buenas peticiones?

Sé que ellos me responderán. Espero el momento adecuado.

Después de la Comunión, mientras les agradezco por la vida que me han dado, viene la respuesta:

—*Las buenas respuestas son aquellas que vienen de tu corazón.*

—¿Y las malas?

—*Aquellas que vienen de tus planes.*

—¿Entonces lo que más quieren es estar de corazón a corazón?

—*Sí.*

Abril (París)

París es un poco como Sodoma y Gomorra. Todo es posible, todo se permite en nombre de la seudolibertad y de la así llamada verdad. No puedo evitar sentirme enferma. No quiero tomar el metro, por lo que camino durante más de una hora. Eso nos da tiempo de hablar. Y, como siempre es el caso cuando me siento alterada, me viene el mismo pensamiento a la mente. Mira alrededor de ti, Jesús. Tú veniste a nuestro mundo. Es Semana Santa y tú estás a punto de ir con tu cruz. Estás a punto de tomar todo en tu grito de agonía. ¡Pero qué desorden es éste!

Ahí está. Me gustaría ser consolada por él, que sigue sufriendo. Insisto:

—No me digas, Jesús, que esto es algo únicamente entre tú y yo. Veo a los demás. Veo cómo sufren. Los oigo chapotear mientras se hunden más y más. Míralos. Míralos bien.

—*Lo sé, Nicole. Lo sé todo. Pero yo no vine como un reformador.*

—¿Qué quieres decir?

—*Sé como yo, no trates de reformarlos. De todos modos no tendrías éxito.*

—¿Ser como tú? ¿A qué te refieres?

—*Llévalos en tu corazón. Pónlos muy dentro de tu corazón, en la vaciedad de tus lágrimas y, como yo, espera.*

—¿Esperar qué?

—*Su conversión.*

—Una vez más, ¿no debo hacer nada, sólo esperar?

–Sí.

–¿Tú esperarás conmigo?

–Desde luego. No hagas nada. Yo me encargaré de eso.

Diciembre (en los Alpes. Un albergue de esquí en Chamonix)

Cinco días libres. Hace frío y nieva, pero estoy con Philippe, el sol asoma de vez en cuando y hay una pequeña iglesia no muy lejos.

Al final consigo frenarme, y puesto que con frecuencia estoy sola, voy a verlo diario en la iglesia de Agentière. Es fría, y no me importa en especial el altar barroco con incrustaciones de oro. Se podría pensar que está en Austria. Me toma por sorpresa, como cuando estaba en Patmos, esta ostentación "dulzona". Después de todo, Jesús nació en un pesebre.

Desde hace mucho tiempo me he preguntado acerca del pecado y acerca de mí misma. Me parece que me he reconciliado con el pecado. No siento ninguna culpa; al menos ya no la siento más. Cada vez que siento que he ofendido a alguien, encuentro la forma de disculparme tan pronto como es posible. Entonces ¿dónde estoy? ¿Soy orgullosa o es sólo que me hace falta la comprensión de un concepto cristiano básico?

Hablo mejor con él cuando camino.

–Éste es el día número dos que he venido a verlos, a ambos, en su iglesia con incrustaciones. ¿Les gustaría iluminarme?

En el fondo, sé que él me responderá y, al mismo tiempo, sé que me responderá en su momento oportuno.

Sé que el pecado es serio, que los pecados son serios, y sin embargo no me siento cargada con pecados.

–¿Es que soy vanidosa? ¿O es que estoy totalmente equivocada?

La respuesta viene al fin al tercer día.

–El pecado es como la plegaria.

Trato de comprender.

–Díganme qué quieren decir.

–Cuando rezas, hablas conmigo. Entras en una relación conmigo. Cuando confiesas tus pecados, eso también es una forma de hablar conmigo.

—Jesús, para mí el pecado es creer que somos Dios, que somos todopoderosos. Yo no creo hacer eso. Conozco muy bien mis límites, pero no siento su carga. ¿Qué provecho tengo de hablar acerca de ellos en la confesión, o incluso mencionártelos en forma directa?

—Es mejor cuando los dices.

—¿Qué es mejor?

—Nuestra relación. El reino oculto.

—¿Qué quieren decir?

—Cuando me dices acerca de tus límites, entras en una relación conmigo y me entregas estos límites a mí. ¿Lo entiendes?

—Si te entrego estos límites, si te hablo acerca de ellos, ¿podrás "hacer" algo con ellos?

—Sí. Me permites actuar, extenderme. Ya sabes de lo que estoy hablando; ya lo has experimentado: somos dos. Tú haces tu obra humana y yo la extiendo; yo te extiendo a ti.

—De modo que no es algo negativo.

—No, de ningún modo.

Mi comentario parece hacerlo sonreír.

Febrero-marzo, 1991

No es ausencia o silencio. Tampoco es la noche. Y sin embargo... este amigo con el que me reunía con bastante regularidad ha desaparecido de pronto.

—Ya no estamos en cuaresma.

No hay respuesta.

—Como lo quieras, cuando lo quieras, pero es tan bueno cuando vienes a hablarme.

No hay respuesta.

Un día, en mi exasperación, les digo:

—¿Es porque no soy lo bastante humilde que ya no regresas conmigo?

—No vine a visitarte precisamente debido a tu humildad.

¡Bang! ¡Todo esto para mí!

Hay días en que digo: "Cuando quieras, cuando lo quieras", y en verdad siento lo que digo y me siento en paz con ello. Y hay otros días en que me siento en verdad irritada.

Una tarde en la Ermita durante la Eucaristía

–Eres demasiado para mí, Jesús. Vienes cuando no te espero. Habitas en mí cuando ni siquiera te he invitado, y de pronto te vas sin darme ningún aviso. Es demasiado informal para mi gusto.

Tengo que entrar en mí misma y quedar en silencio para por fin recibir su respuesta.

–Te mostraré otros "paisajes".

–¿Sin ti?

–No, conmigo, pero de modo distinto.

Y sé a qué se refiere: en la Comunidad, cuando Pierre no está y a veces en mi propia casa me maravillo de la forma en que su reino es moldeado. No es muy obvio y sin embargo es muy intenso. Por ejemplo, las tensiones entre los miembros de la Comunidad se resuelven de pronto cuando Pierre no está cerca. Es verdad que cuando estoy sola con estos hombres lo dejo ser y me doy cuenta de que no se puede hacer nada más.

A veces me sorprendo cuando me digo a mí misma: "Tú puedes cuidar de esto o de aquello por ti mismo". Es rápido y fuera de contexto, pero funciona. De cualquier modo, ¡no puedo tomar a un ejército y meterlo a la Comunidad!

–Es verdad, te siento trabajar alrededor mío, aun cuando no tuve nada que ver con ello.

–Eso es lo que te prometí.

–¿En realidad me vas a llevar contigo?

–Sí.

Marzo

Hace algunas noches tuve la impresión de que el diablo acechaba alrededor mío. Confieso una cierta reserva hacia aquellos que hablan de demonios. Estoy segura de que existen, pero creo que es peligroso verlos en todas partes. Creo que es mejor vivir con plenitud la humanidad que Jesús moldeó para nosotros, y no preocuparnos acerca del mundo de los ángeles y los demonios. Aun así, tengo que reconocer que puedo estar equivocada. A veces puedo sentir en ciertas almas una rigidez tan fuerte que me parece que están hechas de concreto. Estoy a punto de dar un nombre a lo que los atribula o lo que causa sus desequilibrios. Me abstengo de hablar, desde luego, pero a veces siento que mi corazón me palpita. No dura mucho, pero a veces me ocurre y es muy intenso, como si fuera causado por algo "fuera" de mí. Cuando esto ocurre, de inmediato le rezo a María y mi corazón deja de palpitar.

La otra noche, cuando estaba sola en casa, sentí físicamente la presencia del diablo. Luego de haber pasado una hora de plegarias con Pierre y las hermanas de Bon Secours, por fin llegué a casa, feliz de poder dormir en paz en una casa vacía. Desperté a medianoche. Puesto que no pude volver a dormir, me levanté, caminé un rato y luego regresé a acostarme. De pronto me desperté con un sobresalto porque sentí que una especie de animal se movió sobre mí. Por instinto me levanté para agarrarlo, pero no había nada. Fue mucho más intenso que un sueño, y me sentí repugnada y aterrada por un objeto baboso que sentí físicamente que se arrastraba sobre mí. Lo que más me sorprendió, sin embargo, fue que a pesar de mi ansiedad y el momento de terror que sentí cuando me desperté, *no sentí miedo.* De cierto modo, no me concernía de forma directa.

—María, protégeme.

Me volví a dormir. Esperé varios días antes de contárselo a Pierre. El recuerdo es muy vívido, pero no es aterrador.

Abril

"Y el ángel la dejó". Oigo estas palabras, y las siento dirigidas a mí.

—¿Es éste el final del pequeño cuaderno, Señor?

—Ya te he dado mucho.

Tengo la impresión de que éste es en realidad el final del pequeño cuaderno.

Misa en Saint Aignan

El silencio me pesa. La presencia "sentida" de Jesús ya no está ahí. No es la noche, y sin embargo... una vez le imploro y le digo esto.

Y luego él viene y me abraza.

—No te abandonaré. Te he dado el pequeño cuaderno para que yo pudiera nutrirte. Ahora puedes continuar por cuenta propia.

—¿Y tú?

—Estaré contigo, pero de otro modo.

—Me gustaría que estuvieras conmigo mientras yo sigo.

—Ya eres lo bastante fuerte. Ya lo sabes.

—Sí, es verdad. ¿Por qué me estás dejando que continúe sola?

—Porque aquellos que noten este poder se preguntarán de dónde viene. El poder que te doy los enviará a ellos hacia mí. ¿Comprendes?

—Sí.

—Entonces continúa por cuenta propia.

Necesito mucho más tiempo para narrar todas las cosas y encuentros que vinieron en parte (y a veces en gran parte) a través de mis intermediarios. Sin tratar de programar las cosas o insistirle a alguien, las personas adecuadas se presentan y se hace lo que necesita hacerse. Todo esto ocurre de forma natural. Me parece que todo lo que necesito hacer es dejar que la corriente de este pequeño cuaderno fluya hacia afuera. Es natural y de cierto modo tan fácil y simple.

Me es mucho más fácil manejar las tensiones. Me siento más equilibrada, y visto mi tristeza o mis sufrimientos con Jesús con un modo que es casi físico. Las dificultades del momento no desaparecen, pero dentro de mi ser hay un centro de paz. Es nuevo y poderoso.

Mayo-junio

—Nos ha llegado el momento de actuar... eso es lo que te prometimos.

Esta obra se terminó de imprimir
en marzo de 1998, en
Fuentes Impresores, S.A.
Centeno 109 Col. Granjas Esmeralda
México, D.F.

La edición consta de 1,000 ejemplares